Lo que otros dicen
y *Oraciones Fác*

"Todos sabemos que la oración cambia las cosas, y que cuando oramos juntos en unidad, el cielo escucha, y se mueve a nuestro favor. Teresa Herbic ha hecho el trabajo preliminar por nosotros con su guía de oración, a fin de que podamos orar como familias. No puedo pensar en nada más poderoso o más importante. Este libro bendecirá y anclará tu hogar. Lo recomiendo encarecidamente."

—*Terry Meeuwsen*
Copresentadora del programa *Club 700*
Directora, Orphan's Promise

"Tuve el privilegio de ser el pastor de Teresa y su familia durante muchos periodos desafiantes de la adopción de sus hijos, orar por sanidad, y buscar sabiduría como padres. Vimos la mano de Dios y la fidelidad de la oración de Teresa. Recibirás una gran inspiración por las historias que se incluyen aquí, y la ayuda práctica que proviene de alguien que practica apasionadamente y alienta la oración auténtica."

—*Vernon Armitage*
Pastor, Briarcliff Church
Maestro, Willow Creek Community Church
Coautor de *Living Life to the Max*

"El amor de Teresa por su familia y su compromiso a seguir el llamado de Dios se unen de manera hermosa en esta poderosa guía para acercarte más a Dios con tu familia mediante la oración. Mediante su trabajo de defensa de los huérfanos, Teresa ha inspirado a otros a ser valientes en su compasión y su fe. Es una bendición que por medio de *Oraciones Fáciles para la Familia*, Teresa pueda compartir estos importantes principios con el mundo."

—*Hollen Frazier*
Presidenta, All God's Children International

"¡Vaya! Teresa nos entrega un libro que muchas familias pueden realmente usar para reconectarse con Dios. En nuestro acelerado y ocupado mundo, incluso los más fieles puede que no hagan una pausa para la oración. *Oraciones Fáciles para la Familia* hace que la oración diaria sea una actividad familiar y divertida, a la vez que mantiene la fe. La dedicación de Teresa durante toda la vida a los huérfanos, tanto niños como animales, es inquebrantable, y ella encuentra consistentemente maneras de celebrar a Dios y desarrollar nuestra relación con Él en nuestra vida cotidiana. Ese amor y esa pasión por Dios brillan con fuerza en esta guía. Es un recurso maravilloso para iniciar la oración diaria por todos los miembros de la familia, padres e hijos por igual."

—*Karen L. Allanach*
Gerente de Comunicaciones, Faith Outreach & Engagement
The Humane Society of the United States

"Teresa Herbic ama al Señor, ama a las familias y ama a los niños (particularmente quienes tienen necesidad de una 'familia para siempre' mediante la crianza temporal o la adopción). Su amor brilla a través de este libro, a medida que ella escribe sobre maneras nuevas y creativas de compartir la verdad y las buenas nuevas del evangelio con aquellos por los que se interesa profundamente."

—*Dr. Robert C. Springate*
Vicepresidente, Missouri Baptist Children's Home Foundation

"Las familias son para siempre. Teresa hace que el ministerio de la familia cobre vida. En esta guía tan reveladora, ella comparte cómo juntos edificamos familias para siempre."

—*Dave Coffman*
Director, Adoption Resource Foundation

"Efesios 6:18 nos alienta a orar en el Espíritu en toda ocasión. Este libro nos da maneras prácticas de hacer precisamente eso. Teresa tiene pasión por Cristo y por las familias. Ella y su esposo Galen han sobrellevado mucho para ayudar a otros, al seguir el llamado de Dios de edificar la unidad familiar. Es mi oración que los lectores imiten eso a medida que aprenden de las dinámicas palabras compartidas en este libro."

—*Greg Blankenship*
Pastor principal, Real Life Corpus, Corpus Christi, Texas

"Teresa Herbic y su familia han sido buenos amigos durante años, y sé que todos ellos son personas de oración, y una familia de oración. Creen con todo su corazón en el poder de la oración, y yo he visto obrar la oración por ellos en sus propias vidas. Ellos han visto sus resultados. No tengo duda de que las ideas bíblicas de Teresa presentadas en este libro producirán resultados también en las vidas de otras familias. ¡Se puede confiar en que ella da buenos consejos! ¡Endoso y recomiendo este libro, de todo corazón!".

—*Emil Bartos*
Pastor, Peace Lutheran Church, Hollister, Missouri

"Conocí por primera vez a Teresa hace muchos años en un grupo de oración que se reunía todos los miércoles en la noche. Desde el principio fue obvio que ella tenía pasión por la oración, y por ayudar a niños huérfanos. Su pasión iba más allá de ver a niños que sufren, y orar por ellos; ella puso sus deseos en acción. Teresa Herbic siempre estará en lo más alto de mi lista al ministrar a niños huérfanos o acogidos, y a sus familias o familias potenciales. Ella ora con valentía por todo lo que hace."

—*Patricia Raines*
Asistente retirada del ministerio familiar,
Pleasant Valley Baptist Church

"He conocido el corazón transparente de Teresa Herbic durante años, mientras hemos orado la una por la otra, y por otros guerreros de oración en todo el mundo. Teresa es una compañera de oración sagrada, amiga y un espíritu dulce."

—*Susie Carter*
Compañera de oración

"El mensaje de Teresa sobre los niños especiales de Dios sale de su corazón de inspiración, sabiduría y experiencia. Teresa es una apasionada defensora de los niños especiales de Él y de los padres esperanzados."

—*Cheri McCoy*
Autora de *Pieces of My Heart*

"Conozco a Teresa desde hace más de diez años, y hemos trabajado juntas para crear un grupo de apoyo para unir a nuestros hijos, todos los cuales son adoptados. En ese periodo de tiempo ella ha mostrado liderazgo, una mente creativa, una intuición de lo que funcionará, y una sincera pasión por la oración, y por familias y niños en todo el mundo. En todo eso, lo que realmente le impulsa es su devoción por Aquel que hizo todo esto: Jesucristo, nuestro Señor y Salvador."

—*Angie Pollock*
Cofundadora de Families for Adoption,
Pleasant Valley Baptist Church

"La oración es el tejido vital que entrelaza a las familias. Al ser el menor de ocho hijos, me crié en una familia que vivía y nos enseñaba estas mismas verdades valiosas que enseña Teresa. Literalmente orábamos en voz alta cada día: por seguridad, por la ambulancia que pasaba, por nuestra comida, y por muchas otras cosas. Años después, cuando mi vida fue sacudida por las muertes repentinas de mi esposa y nuestros cuatro hijos, solamente la gracia del Dios todopoderoso y el poder de la oración me hicieron seguir adelante. Para vivir una vida sin lamentos con tu familia, presta atención a estas persuasivas palabras de Teresa Herbic contenidas entre las cubiertas de este poderoso libro. Nunca lo lamentarás."

—*Robert Rogers*
Fundador de Mighty in the Land Ministry
Orador, compositor
Autor de *Into the Deep, 7 Steps to No Regrets* y *Rise Above*

# ORACIONES
# FÁCILES
## PARA LA
# *Familia*

## UNA GUÍA PRÁCTICA
## PARA ORAR JUNTOS

# TERESA J. HERBIC

WHITAKER
HOUSE
*Español*

Traducción al español por:
Belmonte Traductores
Manuel de Falla, 2
28300 Aranjuez
Madrid, ESPAÑA
www.belmontetraductores.com

Editado por: Ofelia Pérez

# Oraciones Fáciles para la Familia
## Una Guía Práctica para Orar Juntos

Publicado originalmente en inglés en el 2016 por Whitaker House
bajo el título: *Family Prayer Made Easy: A Practical Guide to Praying Together*

Teresa J. Herbic
familiesforadoption@gmail.com

ISBN: 978-1-62911-859-8
eBook ISBN:978-1-62911-860-4
Impreso en los Estados Unidos de América.
©2017 por Teresa J. Herbic

Whitaker House
1030 Hunt Valley Circle
New Kensington, PA 15068
www.whitakerhouseespanol.com

1 2 3 4 5 6 7 8 9 10 11 **UJ** 24 23 22 21 20 19 18 17

*A mi círculo de oración sagrado: mi familia*

# Compromiso Personal de Oración

Reconocemos nuestro acuerdo personal para unirnos en oración como familia, para permanecer juntos en los tiempos buenos y en los malos, y asegurarnos de que Dios sea el centro de nuestra vida familiar. Nos reuniremos _____ (diariamente o semanalmente) a la hora _____ para orar.

_____
(Firma de Papá)

_____
(Firma de Mamá)

_____
(Firma del tutor)

_____
(Firma del hijo)

_____
(Firma del hijo)

_____
(Firma del hijo)

_____
(Firma del hijo)

_____
(Firma del hijo)

Firmado este _____ día de _____, _____
           Día                         Mes                 Año

# ÍNDICE

Prólogo........................................................................................11

Introducción...............................................................................14

Devocional 1:  Oración por una familia feliz .......................21

Devocional 2:  Oración por nuestros amigos ...................... 30

Devocional 3:  Oración por nuestra salvación y nuestra iglesia ....... 37

Devocional 4:  Oración por alumnos, escuelas y maestros............... 45

Devocional 5:  Oración en las comidas ................................52

Devocional 6:  Oración por nuestra protección,
                seguridad y el sueño.......................................57

Devocional 7:  Oración por nuestro mundo,
                nación y comunidad...................................... 64

Devocional 8:  Oración por quienes están enfermos........................ 71

Devocional 9:  Oración en tiempos de aflicción y dificultades......... 79

Devocional 10:  Oración acerca de servir a Dios.................................. 86

100 ideas sencillas más para la oración familiar o de grupo ............... 94

Oraciones por los días festivos y ocasiones especiales ..................... 120

Lo que dice Dios sobre la oración........................................... 145

Oraciones infantiles clásicas ................................................ 150

Conclusión: Carta de amor del Padre....................................... 162

Apéndice: Recursos para la oración ........................................ 167

Reconocimientos .................................................................174

Acerca de la autora .............................................................. 175

# PRÓLOGO

Ya sea que leas el libro completo o acudas a él en busca de una idea para el tiempo familiar, encenderás una llama de oración enfocada y con propósito al abrir estas páginas. ¡Y la llama no se apagará! Este libro es una guía continuada para promover la perseverancia en la oración.

He sido testigo de esta perseverancia personalmente en la vida de la autora: Teresa. Cuando conocí por primera vez a la joven pareja que se incorporaba al grupo de oración de nuestra iglesia, sentí una intensidad en ellos que brillaba con el amor de Jesús. *Amor* es la "palabra de acción" que Teresa y Galen viven cada día. En ambos, como pareja y como individuos, sus vidas de oración demuestran una fe genuina. Teresa ora con una fe poderosa, sabiendo que puede confiar por completo en que nuestro Señor actúe en amor, y Galen tiene un corazón humilde que abre los cielos para que sus oraciones entren en el Lugar Santísimo.

Los dos derraman sus corazones diariamente en amor hacia el Señor Dios, y permiten que el amor de Dios se derrame hacia otros. Ellos me enseñaron, mediante sus ejemplos, a ser una vasija abierta del verdadero amor de Dios.

Su fe realmente emprendió el vuelo cuando Galen y Teresa viajaron internacionalmente para adoptar a Meyana y, más adelante, a Braxten. Nuestro grupo de oración y dedicados compañeros de oración los levantaron delante de Abba para que Él abriera un camino para que sus dos hijos fueran adoptados. "La oración primero" ha sido siempre modelado por los Herbic. Ellos pusieron en acción fe y amor al vencer cada obstáculo en la fuerza de Jesús para llevar a sus hijos a casa. Por medio de las alegrías y también las intensas pruebas, ellos han derramado sus corazones y sus vidas para educar a Meyana y Braxten en la verdad del evangelio.

Su amor por el Señor fluye ahora hacia los corazones de sus hijos, quienes después comparten el amor con otros. Poder ser testigos de cómo sus hijos ya están viviendo la fe en Dios es un regalo para ellos, y para todos nosotros que los conocemos. La familia Herbic es el instrumento escogido de Dios; sirven eficazmente con amorosa bondad y valentía. Es contagioso y vigorizante para las personas que hay en sus vidas, ¡incluida yo misma!

Oración, lectura de la Biblia y adoración encienden tan obviamente el amor que comparten de modo transparente con otros. Jesucristo es la piedra angular de su hogar, y el Espíritu Santo los llena cuando oran. Hemos sido testigos de una respuesta tras otra a sus oraciones, para la gloria del Señor. No solo eso, sino el fruto es evidente y abundante en su viaje cristiano de fe. Amor, gozo, paz, paciencia, benignidad, bondad, fe, mansedumbre y dominio propio florecen en sus vidas.

Y este libro está lleno de ese fruto. La disposición de Teresa a compartir el estilo de oración de su familia inspirará a los lectores a mirar hacia el interior de sus propios corazones. Al mismo tiempo, el impulso de Teresa hacia la compasión inspirará a los lectores a aprender a orar por quienes sufren, los perdidos, los solitarios y quienes se duelen en todos los ámbitos de la vida.

Las palabras de Teresa permiten que muchos crezcan en el conocimiento de vivir para Jesús diariamente, y tengo confianza en que su sabiduría sobre la oración beneficiará a familias y personas de todas las edades. Las huellas de nuestro Padre celestial pueden verse por todo este libro en sus ideas de oración únicas, poderosas y expresivas. Teresa reconoce que los niños se relacionan con Dios en una amplia variedad de maneras creativas, y por eso creó este libro para ser adaptable. Sin embargo, cada idea tiene una meta: unir a las familias con Dios y el uno con el otro. Este libro fomenta la edificación de una relación que es a la vez vertical, hacia el Señor, y horizontal, con miembros de la familia y amigos.

Mantener una vida consistente de oración es difícil para toda familia, pero este libro muestra cómo empezar un tiempo de oración familiar, y mantener ardiente el fuego de la oración. Sus referencias de la Biblia ponen en consonancia las oraciones de los lectores con la voluntad de Dios, y atraen a los lectores hacia la santa Palabra de Dios.

¡Desearía que todo el mundo leyera este libro! Si lo hicieran, las comunidades serían impactadas poderosamente por la respuesta de Dios a las oraciones. Las iglesias serían más fuertes, operando como el cuerpo de Cristo y fomentando el crecimiento en actos de bondad hacia los demás y hacia las comunidades. Matrimonios serían restaurados a medida que las parejas dirigen a sus hijos en la oración perseverante. La restauración, la sanidad, la integridad en Cristo Jesús, la solidaridad en los propósitos de Dios, y el amor en acción serían evidentes.

¡Es por eso que estoy orando!

—*Sandy Glasgow*
Coordinadora de alcance global de oración
Pleasant Valley Baptist Church
Liberty, Missouri

# INTRODUCCIÓN

*L*as familias de hoy están ocupadas. Nos apresuramos en la mañana para salir hacia la escuela, el trabajo, lecciones de música, deportes, y otras actividades. Regresamos a casa, con frecuencia encendemos el televisor, las computadoras y la tecnología, ¡y nos desconectamos el uno al otro! Para muchos de nosotros, las redes sociales se han apoderado de los minutos libres, dando como resultado menos comunicación y más tiempo frente a la pantalla.

¿Cuál sería la "actividad soñada" que harías con tu familia si tu horario lo permitiera? Dependiendo de la temporada, quizá te imaginas un picnic en el parque, disfrutar de una cena en torno a la mesa, pasear en carreta, hacer algo divertido, o aventurarse juntos a escoger un árbol de Navidad o una calabaza. Uno de mis recuerdos tempranos de familia es estar sentados sobre el césped delante de nuestra casa en el campo, bebiendo té helado, y hablando sobre nuestro día. Seguramente eso puede parecer aburrido para algunos, pero se ha quedado en mi memoria todos estos años. ¿Por qué? Porque estábamos conectando: sintiendo amor significativo y disfrute con la familia. Nunca lo olvidé.

¿Qué le sucedería a tu familia si pausaran para recuperar la verdadera conexión? ¿Y si tomaran tiempo de calidad para buscar la mayor medida de gozo, paz, ayuda y seguridad disponibles: el amor de Dios y sus respuestas mediante la oración? Como dice Hechos 17:27-28 (NVI), para que *"lo busquen y, aunque sea a tientas, lo encuentren. En verdad, él no está lejos de ninguno de nosotros, 'puesto que en él vivimos, nos movemos y existimos'*. Está claro: el tiempo en oración ofrece acceso directo al corazón de Dios. Ofrece conexión con Él, y una conexión más profunda y más significativa de los unos con los otros.

Y puede ser tan sencillo como estar sentados en el césped.

*Oraciones Fáciles para la Familia* es una guía para crecer juntos por medio de la oración, en solo diez devocionales enfocados con actividades opcionales. Juntos, tu familia y tú seguirán a Dios en oraciones impulsadas por el Espíritu, llenas de acción y que producen respuestas. Ya sea que se reúnan una vez por semana durante diez semanas o diez días seguidos, es decisión de ustedes, pero sus actividades de oración impactarán sus vidas.

## Mi historia

Como padres y madres, es nuestra obligación enseñar a nuestros hijos a no estar preocupados, avergonzados o temerosos, sino buscar en todo a Dios, quien puede moverse y ayudarnos. Cuanto más inculcado esté eso en nuestro ser a una edad temprana, más fuertes llegarán a ser nuestra fe y nuestro gozo en Cristo.

Por favor, no pienses que nuestra familia es perfecta. Nuestra familia, como la mayoría de ellas, ha sufrido en las trincheras. Sin embargo, a menudo es en las trincheras donde aprendemos que Él está obrando de maneras milagrosas en nuestra familia. Esto lo pude entender por medio de la ceguera de nuestra querida hija adoptada, Meyana.

Meyana era oficialmente ciega (20/2400) cuando la adoptamos a los doce meses de edad, pero al principio no lo notamos. A medida que fue creciendo, sí observamos que no dejaba de frotarse los ojos, y comenzó a decirnos: "Está muy borroso". La llevamos al optómetra para que le hiciera un diagnóstico, y nos quedamos asombrados y consternados por ese diagnóstico. Pedimos la intervención de médicos. Le tapamos su ojo bueno durante más de un año. Entonces, le hicieron una operación desastrosa, dejándole con visión doble y extensos problemas de visión durante años. Buscamos el consejo de seis médicos. Meyana tuvo que soportar parches en el ojo, lentes de visión especial y años de terapia, pero nada parecía mejorar.

Lo que demostró ser persistente e ir en aumento, sin embargo, fue la fe de Meyana. Fue salva a una edad temprana, y ella confiaba en el Señor con todo su corazón. Me decía con frecuencia: "Mamá, Jesús es el único médico que realmente necesito". Junto con nuestros pastores y otros creyentes, rogamos a Dios por un avance. Nos sentíamos desesperados. Una noche, hubo un programa en televisión sobre un especialista que trataba a un muchacho que tenía visión doble, como Meyana, y también tenía aproximadamente la misma edad que Meyana. El muchacho fue sanado. Supimos que teníamos que encontrar a ese médico.

Con el apoyo de muchos amigos, miembros de la iglesia y de la familia, viajamos hasta UCLA para reunirnos con el especialista. Inicialmente, él tenía planes de hacer una cirugía solamente en el ojo izquierdo, pero más adelante nos dijo que necesitaba operar los dos. Nos sentíamos seguros de que todo estaba en manos de Dios. Rogando de rodillas por un milagro en una austera sala de espera llena de gente, creímos que no habría nada menos que una manifestación del poder y la gloria de Él. Oramos: "*porque nada hay imposible para Dios*" (Lucas 1:37) una y otra vez.

Meyana se despertó en la sala de recuperación con sus dos ojos muy inflamados, y casi cerrados. Le preguntamos casi sin aliento si podía ver, y ella respondió tranquilamente que seguía viéndolo todo doble. Ahogada en incredulidad, lloré descontroladamente, pensando que Dios me había decepcionado.

Dios, sin embargo, no había terminado aún. Pese a su dolor, Meyana pudo ver un espléndido arco iris fuera de la ventana. Ella pudo ver lo que yo no podía ver con una visión perfecta: el poder y el amor de Dios entraron a la habitación del hospital. Ella dijo: "Tenemos que mantener la fe en Dios. Quizá tan solo va a tomar un poco más de tiempo".

En la cita de seguimiento, el médico fue alternando lentes y prismas sobre los ojos de Meyana. Ella vio una sola imagen por primera vez, aunque fuera por un mero segundo. ¡Fue notable! Unas semanas después, Meyana preguntó si podía leer el Padre Nuestro, y comenzó a leer el pasaje. Entonces, repentinamente exclamó: "¡Puedo ver! ¡Puedo ver una sola imagen!". La visión doble había sanado. Hasta la fecha, nunca ha regresado. ¡Alabado sea Dios en toda su gloria!

## Historias de nuestros amigos

Hoy apreciamos que mediante pruebas, fe y obediencia, Dios tiene la capacidad de sanar a cualquiera, en cualquier momento, y de cambiar cualquier situación. Él puede bendecir a cualquier familia mientras ellos oren y lo busquen a Él de manera inflexible, humilde y auténtica. Después de todo, Dios conoce nuestro corazón y nuestra mente; Él sabe lo que estamos pensando. Compartir desde lo profundo de nuestra alma con el Padre que nos creó y nos ama es el ingrediente principal de una vida de oración. Nos situamos ahí a nosotros mismos, compartiendo con sinceridad, esperanza y amor, y Dios nos da sus bendiciones conforme a sus riquezas y su gloria.

Y no somos los únicos. El deseo más profundo de nuestros amigos Michael y Kimber Daniels era adoptar permanentemente a la pequeña Shaye después de su acogida, pero se enfrentaban a importantes obstáculos. Aún así, la noche antes de su audiencia en el tribunal, en un pasillo en Walgreen's, cerramos los ojos y decidimos que debíamos orar juntos. Todos somos familia en Cristo. Acordamos que Dios podía hacer eso, y que era nuestra obligación buscarlo a Él. Oramos. Al día siguiente, la adopción de Shaye fue oficial.

Y también están los Eason. La mamá, Susan, siempre había esperado tener un hermano para su hija Jade. Susan descubrió que podía adoptar internacionalmente al pequeño Matt mediante una agencia, y compartió esa posibilidad con Jade. Aunque Jade quería tener una hermana, oraron juntas y, después, Jade estuvo de acuerdo en que estaba bien tener un hermano; incluso comenzó a "extrañar" a Matt en cuanto supo que sería su hermano. Cada vez que decía que lo extrañaba, Susan y Jade oraban juntas: por Matt, porque Jesús protegiera a Matt, y por la sanidad de la discapacidad auditiva de Matt. Unas semanas después, cuando recibió la aprobación para adoptar a Matt, Susan recibió un correo electrónico de su orfanato: ¡su discapacidad auditiva había desaparecido! Cuando Matt llegó a casa, Susan se sintió bendecida por tener dos hijos adoptados que se adoraban el uno al otro.

Pero la ansiedad volvió cuando Matt no pasó algunas pruebas de audición. Sin embargo, en lugar de alarmarse buscaron al Señor en oración, y visitaron a un otorrinolaringólogo. Entonces se decidió que deberían hacerle una cirugía que es bastante común en niños pequeños. Ahora, Matt tiene una audición perfecta. ¡Gloria a Dios por el modo en que Él se mueve, y sigue obrando y resolviendo todos los detalles!

## ¡La oración funciona!

Comparto estas historias para hacerte saber que sí se producen respuestas milagrosas a la oración para quienes oran diariamente con sus familias. Y esa no es solo opinión. Una de las mayores promesas sobre la oración se encuentra en Mateo 18:19: *"si dos de vosotros se pusieren de acuerdo en la tierra acerca de cualquiera cosa que pidieren, les será hecho por mi Padre que está en los cielos"*. (Puedes encontrar muchas más promesas sobre la oración en "Lo que Dios dice sobre la oración".)

Eso suena estupendo, ¿no es cierto? Pero ¿cómo hacemos eso realmente?

En solo diez pasos, el plan de acción de oración en este libro enseñará a tu familia a orar más profundamente. Hay más de cien actividades de oración que son métodos sencillos para estar cada vez más en sintonía con Dios. ¡En la vida hay mucho más que vivir en caos, con horarios llenos y desesperación! En cambio, alabando a Dios y trabajando activamente en nuestras vidas para tener tiempo con Él en nuestro calendario diario, podemos incorporar gozo y propósito a nuestra rutina. Podemos tomarle cariño a la Palabra de Dios, que nos consuela cuando oramos. Podemos aprender a apreciar las promesas de Dios como una realidad, y no como tan solo una posibilidad. ¡Ese es el poder de Dios y su fuerza en la familia!

## Cómo utilizar este libro

Cada devocional del libro sigue este patrón:

+ **Minuto familiar:** Reúne a tu familia y lean en voz alta el devocional familiar. Incluye una breve oración inicial, un pasaje de la Escritura, y una historia breve y real de mi vida. Después, lean en voz alta las preguntas que siguen a la historia, y respóndanlas de manera abierta y sincera. Si se aplica, lean en voz alta las sencillas palabras de aliento que se incluyen en cursivas después de las preguntas.

A continuación, lean en voz alta la sencilla oración. Ofrecer un ejemplo de oración es una manera fácil de enseñar a orar a los niños. (Recuerda a los niños que ellos pueden orar en cualquier momento y no solo como familia; ¡ellos pueden orar solos también! Ya sea en su cuarto, en la escuela o donde estén, deben orar en silencio desde su corazón y su alma, tal como se sientan cómodos o sean guiados.).

Después, lean en voz alta las Escrituras. Puedes hacer que los niños lleven su propia Biblia y busquen las referencias, dando turnos para ser quien lee en voz alta. Considera escoger un versículo para memorizar juntos. Se incluyen promesas de Dios sobre el tema para alentarlos, y para compartirlas con tu familia si el tiempo lo permite.

 + **Oración familiar interactiva**: Hay dos o más opciones a escoger. Elige la que mejor se adapte a tu familia, y comiencen: ¡juntos!

 + **Actividad comunitaria**: También hay una actividad de oración comunitaria opcional para quienes están involucrados en una comunidad pequeña o en grupos de apoyo.

Luego de los diez temas para la oración, hay un capítulo de cien actividades más para la oración familiar y en grupo, para que sigas buscando y descubriendo.

## Diez pasos para la oración fructífera

Antes de adentrarte en la tarea de renovar tu vida de oración familiar, toma un momento para repasar los diez pasos clave para la oración fructífera:

1.   Decide qué respuesta esperas obtener en oración.

2.   Encuentra un versículo que apoye la oración (se enumeran versículos en cada capítulo para ayudarte).

3.   Alaba a Dios y dale gracias por la oportunidad de orar por su respuesta.

4.   Pide a Dios la respuesta con todo tu corazón, toda tu mente y toda tu alma. Este libro fomenta no solo la oración familiar conjunta, sino también la oración personal y la comunicación con Dios en la intimidad. Puedes orar como grupo, a solas o como quieras hacerlo, mientras estés buscando al Padre.

5.   Haz que cada oración sea de fe pura, negándote a dudar de la capacidad de Dios para responder.

6.   Levanta ante Dios el versículo como su Palabra y su promesa.

7.   Dale gracias a Dios por escuchar tu oración.

8.   Confía en Dios con alegría y seguridad de que Él responderá si está en su voluntad.

9.   Después, adora y alaba a Dios por obrar por ti para darte su respuesta.

10.   Cuando se produzca la respuesta, dale a Dios la gloria por todo lo que Él ha hecho en tu vida familiar.

¿Deseas un vínculo más cercano con Dios? ¡Entonces no esperes más! Tan solo sigue la guía paso a paso. Puedes hacer un devocional al día durante diez días, o un devocional por semana durante diez semanas. En cualquiera de los casos, tu éxito depende de tu participación continuada en este sencillo proceso. Ahora, comienza el viaje. ¡No dejes que nada te detenga!

¡El impacto que deseas comienza *ahora*!

Descubramos juntos la influencia de Dios, su poder y su gloria mediante tu círculo de oración íntimo: tu familia. Sea bendecida tu familia a medida que descubres la esperanza de Dios, su gozo, perseverancia, poder, plan y verdad. Y recuerda mientras lees: ¡estoy dando gracias a Jesús por ti! ¡Que disfrutes!

*—Teresa J. Herbic*

# DEVOCIONAL 1:

# ORACIÓN POR UNA FAMILIA FELIZ

## Minuto familiar

Amado Dios, te alabamos y te buscamos. Venimos ante ti como familia para pedir tus increíbles respuestas, y nada menos, ¡porque tú eres un Dios de todo lo maravilloso! Amén.

*Si dos de vosotros se pusieren de acuerdo en la tierra acerca de cualquiera cosa que pidieren, les será hecho por mi Padre que está en los cielos.* (Mateo 18:19)

### Historia real de Teresa

Durante años, mi familia y yo asistimos a una reunión de oración en mitad de semana en la iglesia. Mientras mi esposo y yo orábamos con otros padres y madres, nuestros hijos se incorporaron a Awana. Aquello fue nuestra rutina durante años. Entonces, un día, nuestro grupo de oración se disolvió repentinamente, y ya no teníamos nuestro círculo sagrado. Extrañábamos reunirnos con hermanos y hermanas para compartir los asuntos más íntimos de nuestro corazón. Dios nos había revelado grandes respuestas cuando desnudábamos nuestra alma a los demás; pero en ese momento nos sentíamos perdidos.

Entonces nos iluminó un rayo de luz: ¿por qué no tener nuestras propias reuniones familiares de oración?

Ahora, nuestra familia (mi esposo, yo y nuestros dos hijos) nos reunimos después de la cena todos los miércoles en la noche. Cada persona aporta un versículo con pensamientos de preocupación o de alabanza. Cuando era pequeña, nuestra hija se lo tomaba tan en serio que creaba programas en papel, copiando los que veía en los servicios de la iglesia. Nuestro hijo incluso repartía programas en la puerta de nuestra sala, exclamando: "¡Bienvenidos a la noche de oración familiar!".

Al elevar nuestras oraciones, en el amor de la familia, con la ayuda de pastores y amigos de la iglesia, vimos milagros asombrosos regularmente realizados por la mano santa de Dios mediante nuestro tiempo de oración familiar. No solo eso, sino que también nos acercamos más unos a otros al apartar tiempo de nuestra noche para adorar como familia.

## Preguntas e ideas

1. Como familia, ¿tenemos una rutina regular y diaria?

*Quizá se levantan, se cepillan los dientes, se peinan el cabello, desayunan, y se van hacia las actividades del día.*

2. Durante esa rutina, ¿cuándo es un buen momento para detenerse y orar?

*Todos hemos sido culpables de apresurarnos durante el día, y casi olvidarnos de detenernos y dar gracias a nuestro Creador, quien nos hizo. El deseo de orar viene de un deseo genuino de acercarnos a Dios, y conocerlo. Orar puede convertirse en parte de nuestra rutina diaria. Idealmente, es estupendo comenzar el día con oración, pero también es útil orar a mediodía, en la noche, o en cualquier momento que podamos. Sin embargo, esto absolutamente requiere un compromiso firme para que suceda.*

3. ¿Cómo puede ayudarnos este libro?

*Mediante esta guía, pueden comenzar a orar más profundamente como una familia. Pero será necesario un compromiso, ¡por parte de todos!*

*Decidan un tiempo que sea adecuado para que todos se sienten juntos en un círculo, y realicen las actividades sencillas para comenzar. Quizá pueden reunirse diariamente después de la cena o una hora antes de irse a la cama, pero sea el momento que sea, ¡recuerden que cualquier momento es un momento estupendo para orar! Después, firmen juntos la hoja "Compromiso Personal para la Oración" que está al comienzo de este libro, si así lo desean.*

4. ¿Tenemos frustraciones o necesidades como familia que requieren la ayuda y la sabiduría de Dios? Sean grandes o pequeñas, ¿qué peticiones de oración tenemos?

El apóstol Pablo dijo una vez: "No se preocupen por nada; en cambio, oren por todo. Díganle a Dios lo que necesitan, y denle gracias por todo lo que él ha hecho. Así experimentarán la paz de Dios, que supera todo lo que podemos entender. La paz de Dios cuidará su corazón y su mente mientras vivan en Cristo Jesús" (Filipenses 4:6-7 NTV). *Si elevas tus oraciones con la ayuda de tu círculo íntimo de familia, te aseguras de ver la mano santa de Dios obrando en sus vidas. Pero no solo oren cuando haya problemas. Háganse cargo, y oren y alaben en todas las ocasiones. Entonces verán a Dios moverse más fuertemente en sus vidas.*

## Una oración sencilla

Amado Padre celestial:

Gracias porque eres nuestro Dios. Gracias por amar a nuestra familia. ¡Te amamos! Querido Dios, por favor, está tú en el centro de nuestra familia ahora que acudimos en oración delante de ti. Ayúdanos, Señor, a ser una familia feliz. Bendice nuestro hogar con paz y amor. Por favor, bendice a cada persona, recordándonos que nos amemos unos a otros como tú nos amas. Ayúdanos a hacer todo lo posible cada día por apoyarnos unos a otros, y no derribarnos unos a otros. Que nuestras palabras hacia los demás estén llenas de misericordia. Ayúdanos a saber cómo podemos servirte mejor. Gracias sobre todo porque tú formaste nuestra familia. Oramos para que tú nos guíes, nos ayudes, y nos protejas en todo lo que hacemos. Oramos específicamente por [peticiones de oración familiares]. ¡Oramos en el santo nombre de Jesús! Amén.

## Versículos sobre amarnos unos a otros

(Lean juntos; piensen en memorizar uno de ellos.)

*Este es mi mandamiento: Que os améis unos a otros, como yo os he amado.* (Juan 15:12)

*Hijos, obedeced a vuestros padres en todo, porque esto agrada al Señor.* (Colosenses 3:20)

*Confesaos vuestras ofensas unos a otros, y orad unos por otros, para que seáis sanados. La oración eficaz del justo puede mucho.* (Santiago 5:16)

*El amor es paciente, es bondadoso. El amor no es envidioso ni jactancioso ni orgulloso. No se comporta con rudeza, no es egoísta, no se enoja fácilmente, no guarda rencor. El amor no se deleita en la maldad, sino que se regocija con la verdad. Todo lo disculpa, todo lo cree, todo lo espera, todo lo soporta.* (1 Corintios 13:4-7 NVI)

*Por lo cual, animaos unos a otros, y edificaos unos a otros, así como lo hacéis.* (1 Tesalonicenses 5:11)

## Promesas de Dios

*Y si alguno de vosotros tiene falta de sabiduría, pídala a Dios, el cual da a todos abundantemente y sin reproche, y le será dada.* (Santiago 1:5)

*Sabed, pues, que Jehová ha escogido al piadoso para sí; Jehová oirá cuando yo a él clamare.* (Salmos 4:3)

*Ciertamente el bien y la misericordia me seguirán todos los días de mi vida, y en la casa de Jehová moraré por largos días.* (Salmos 23:6)

*Fíate de Jehová de todo tu corazón, y no te apoyes en tu propia prudencia. Reconócelo en todos tus caminos, y él enderezará tus veredas.* (Proverbios 3:5-6)

# Oración familiar interactiva

## Opción A: Noche de oración a la luz de las velas

Haz que una noche de oración a la luz de las velas sea especial, entregando invitaciones escritas a cada miembro de la familia, sean adultos, niños, o incluso niños pequeños. Incluye un día y hora específicos para la reunión. Pídeles que lleven una petición de oración o de gratitud por la cual orar.

Un formato útil a seguir en la oración es: alabanza, acción de gracias, confesión, petición, oración final. Comienza la noche alabando a Dios, y dándole gracias. Dile lo mucho que lo amas y aprecias todo lo que Él hace por tu familia. Después, pasa a un tiempo de confesión.

Pide a cada persona que participe en todas las partes de la oración si se sienten cómodas, y déjales saber que pueden orar en voz alta o, si lo prefieren, en silencio. La meta es que los miembros de la familia se sientan cómodos. Empieza recorriendo la habitación, y enumerando áreas de preocupación. Después, pueden escuchar un canto de adoración, un himno favorito de la familia, o cantar juntos al unísono algo sencillo. Pasen a dar gracias por cómo ha bendecido el Señor a su familia, después a la confesión, y entonces a las peticiones de oración.

Concluye haciendo una oración especial por armonía en tu familia y por su plan de orar juntos con más frecuencia, y da gracias a Dios por obrar en sus vidas.

## Opción B:
## Hacer palitos de oración para oraciones a largo plazo

Estos palitos de oración son un modo manual y sencillo para recordar orar por peticiones a largo plazo de las personas que quieres, como salvación, adicciones, metas familiares, y metas personales, esperanzas o sueños.

1. Encuentra, o compra en una tienda local de manualidades, varios palitos planos de madera por cada miembro de la familia.

2. Haz que cada persona añada colores especiales o diseños en la parte superior de sus palitos. Rodeen con hilo, lana o cordón de colores una parte de los palitos. Alternativamente, o además de eso, pueden pintar tiras de color en los palitos. Para una opción más fácil, enrollen con cinta adhesiva de color. Incluso podrían dibujar una cruz para significar que es un palito de oración para Cristo.

3. Después, en la base del palito, escribe con un marcador permanente el nombre o tema por el que quieres orar regularmente.

4. Escoge o decora un recipiente distintivo para poner los palitos de oración. Después de haber hecho varios, siéntense en círculo, y comiencen un tiempo de oración cuando cada uno va sacando un palito del recipiente de oración. Den gracias a Dios por lo que Él va a hacer al final del tiempo de oración, por cómo Él se va a mover y bendecir en medio de esa amorosa familia.

5. El primer día del mes o el primer domingo del mes, visiten ese recipiente como familia, saquen por turnos un palito, y oren por ese tema o persona.

6. Cuando una oración sea respondida, quita ese palito, y tíralo o guárdalo en una caja de oraciones respondidas para reflexionar al final del año o incluso en años posteriores como actividad de acción de gracias familiar.

## Opción C: Carta de amor a Dios, "Papá":

Lee la siguiente "carta de amor de Dios" que compartió con nosotros Deborah Ann Belka, una maravillosa autora de Faith Writers, para ser incluida en esta actividad. Tomen turnos para leer o designen a una persona que lea en voz alta.

*Carta de amor de Dios*
*Por Deborah Ann Belka*[1]

Hoy recibí
    Una carta de amor de Dios.
Abrí mi Biblia
    Aquí está lo que leí...
Yo soy tu Creador,
    Antes de que nacieras;
Te moldeé y te di forma,
    Como el rocío en la mañana.
Yo soy el remedio para tus necesidades,
    Yo soy tu bálsamo,
Yo soy la paz en tu tormenta,
    Yo soy la voz que es calma.
Yo soy toda la gracia que necesitas,
    En mí, hay vida eterna.
Yo vine para poder sostener
    La carga de tu lucha.
Yo soy tu cayado de consuelo,
    Yo te cubriré y te protegeré
En las complejidades de la vida;
    Juntos haremos el viaje.
Yo soy el ancla de tu alma,
    Un refugio donde acudir y esconderte,
Nunca te abandonaré...
    Siempre estoy a tu lado.
Yo soy la lámpara que alumbra tu camino,
    Con mi Palabra te guiaré.
Yo soy Aquel a quien sientes
    Avivándote en lo profundo de tu ser.
Yo soy tu Creador,

---

1. Deborah Ann Belka, "Love Letter from God" usada con permiso de Deborah Ann Belka de Faith Writers, 2014, http://www.faithwriters.com. www.hiswingsshadow. com;http://poetrybydeborahann.wordpress.com/. Ver también "Carta de amor del Padre" en la conclusión de este libro.

Te conocí desde el comienzo;
Por esto yo te di
Para mí, ¡un corazón amoroso!

Ahora, crea tu propia carta de amor a Dios, o a "Papá". Consigue pluma y papel para todos, y disfruten de unos momentos de quietud juntos escribiendo a Dios de su amor por Él, sus esperanzas para su reino, y sus planes de servirlo a Él con más propósito en la vida, interesándose por lo que Él necesita y lo que le importa. ¡No olviden dar gracias a Dios por ser su Padre celestial, y por amarles a pesar de todo!

## Actividad de oración comunitaria

¿Has pensado alguna vez en invitar a personas a tu casa para una reunión de oración? Extiende el formato de reunión de oración de alabanza/acción de gracias/confesión/petición/oración final a tu grupo comunitario. Decide una fecha, hora y lugar de reunión para tener un tiempo de oración especial con tu grupo. Invita a cristianos que tengan interés en orar juntos, y explica a cada invitado que será un tiempo de oración dedicada en el que las familias pueden orar en voz alta o en silencio. Este es un modo maravilloso de llegar a ser más abierto con tu vida de oración, y ver respuestas a la oración en quienes te rodean. Pide a cada invitado o familia que llegue preparado con lo siguiente: 1) nombre de la familia; 2) peticiones de oración personales/familiares; 3) peticiones de oración congregacionales; 4) esperanzas/oraciones del reino para que la gloria de Dios sea exaltada; 5) un versículo favorito.

Pon las sillas en círculo, y prepara el ambiente con música de fondo de alabanza, mientras las personas entran en la sala. Empieza formando un círculo, y recorriendo la habitación con una sencilla alabanza y acción de gracias. Si los miembros no desean hablar abiertamente, no se requiere que lo hagan. Pueden sentarse, escuchar, y orar en silencio si así lo desean.

A continuación, entren en un periodo de confesión general, como sea adecuado para un grupo más grande. Después recorran el círculo pidiendo a cada uno que se refiera a sus peticiones de oración/

información. Por familia, pregunte por las peticiones de oración. Cuando todos hayan compartido sus necesidades de oración, levanten las peticiones delante del Señor, tal como los miembros se sientan guiados a hacerlo. Sigan con peticiones de oración congregacionales, y oraciones por el reino. Cuando se hayan hecho todas las oraciones, pide a los miembros que compartan su versículo favorito, y lo que significa para su familia.

Concluye con una oración, y da gracias a los participantes por acudir.

(Otras actividades de oración comunitaria se referirán a tu "grupo comunitario" o "grupo pequeño". Si aún no tienes un grupo de oración, espero que a medida que obtengas más confianza e iniciativa, formes un grupo de personas que se unan en oración.)

# DEVOCIONAL 2:

# ORACIÓN POR NUESTROS AMIGOS

 ## Minuto familiar

Amado Dios, ayúdanos a entender por qué quieres que oremos juntos y que oremos por otros. Ayúdanos a ver que cuando dos o más están reunidos en tu santo nombre, tú estás en medio de ellos. Amén.

*[Pedro] llegó a casa de María la madre de Juan, el que tenía por sobrenombre Marcos, donde muchos estaban reunidos orando.*

(Hechos 12:12)

### Historia real del amigo de Teresa, Vergil Phillips

En la iglesia, me ofrecí voluntario para ser el "Cuenta cuentos de grupo grande" para los niños desde kínder hasta segundo grado. La mayoría de las semanas aparecía un número generoso de niños, todos ellos vigorizados por azúcar y pizza, y listos para todo. Siempre comenzábamos cantando y saltando, ofreciendo nuestra gratitud al Señor y aumentando nuestro ritmo cardíaco lo suficiente para cansarnos, de modo que después pudiéramos sentarnos tranquilos unos veinte minutos, y aprender una historia de la Biblia.

Nos habíamos acomodado para la historia cuando noté que uno de los niños de segundo grado tenía los ojos llenos de lágrimas, y una foto en sus manos. Le dije: "John, veo que tienes una foto de alguien especial. ¿Te puedo preguntar quién es?".

"Es mi prima pequeña", respondió él, intentando forzar una sonrisa. "Tiene un tumor cerebral, y probablemente morirá pronto. Los médicos dicen que no pueden operarla".

Eso me golpeó como si fuera una tonelada de ladrillos. Entonces era *yo* quien reprimía las lágrimas, delante de una sala llena de niños y adultos, con un micrófono y con todas las luces de la plataforma sobre mí. "Bueno, ¿sabes lo que creo que deberíamos hacer?", respondí. "¡Creo que deberíamos orar!". ¡Y eso hicimos! Oramos directamente a Dios, pidiéndole con sinceridad que esa preciosa pequeña fuera sanada. Nada ostentoso, sino que oramos con la inocencia de niños, y con la confiada expectativa infantil de obtener resultados positivos.

Pasaron algunas semanas, y decidí, aunque con cierta aprensión, preguntarle a John. Le dije: "John, ¿cómo está tu primita?".

"¡Ah, está bien!", dijo él con naturalidad. "El tumor ya no está".

Una sencilla respuesta a la oración, tal como habíamos esperado; o deberíamos haber esperado. Ninguno de los niños estaba sorprendido. Ellos hicieron una petición al Dios todopoderoso, como les hemos enseñado todo el tiempo, y se puede confiar en Él. ¡Gloria a Dios! ¡Desde luego que Él respondió sus oraciones! ¿Y por qué no iba Él a responderlas con un rotundo *sí*? Justo entonces comprendí que hay un gran poder en las oraciones de los inocentes al Dios todopoderoso. Él es su Dios, y ellos son sus hijos. Nunca subestimes el poder de la oración, por nuestros amigos y por nosotros mismos.[2]

---

2. Vergil Phillips es miembro de la junta directiva de *Child Family & Prison Ministry* (CF&PM), Tailandia. Él y su esposa, Christy, con su hija adoptiva Stephan, siguen sirviendo activamente en el ministerio de la iglesia.

## Preguntas e ideas

1. ¿Tienes un amigo especial que ilumina tu día?

*Es importante recordar a nuestra red de amigos especiales en tiempos de oración. Dios nos alienta a reunirnos, y buscarlo a Él a causa de otros. Cuando pensamos en tiempos familiares agradables, a menudo nuestros recuerdos incluyen a esas personas especiales, ¿cierto? Es bueno recordar a nuestros hermanos y hermanas en Cristo cuando oramos.*

2. ¿Tienes ciertos amigos a los que acudes para la oración, como Pedro hizo cuando fue a casa de María?

*A Pedro le resultaba natural acudir a ellos para pedir ponerse de acuerdo en oración. Cuando los amigos se reunieron en torno a Pedro buscando respuestas de Dios, fue un honor conectar con él para pedir al Padre.*

3. ¿Observas a personas que están tristes o solas y quieren ayuda? ¿Tienes un amigo que tenga necesidad de oración?

*A veces necesitamos un hombro en el que apoyarnos cuando estamos tristes o necesitamos ánimo. Este instinto es un reflejo del llamado de Dios a tener comunión unos con otros.*

## Oraciones sencillas

**Por un amigo en particular:**

Amado Dios del cielo:

¡Gloria a tu santo nombre! Gracias por todos los amigos maravillosos que tenemos, Señor. En especial queremos darte gracias por _____. Él/ella ha sido un buen amigo, y queremos ser un buen amigo a cambio. Te pedimos, Señor, que bendigas a _____, y le ayudes a saber lo importante que es. ¡Gracias, Jesús! Amén.

**Por todos los amigos:**

Amado Padre celestial:

Gracias, Dios, por nuestros amigos que están cerca de nuestros corazones. Gracias por la bendición que son para nosotros. Oramos,

Señor, que siempre estemos a su lado. Ayúdanos, Señor, a ser amables, y amarnos unos a otros como tú nos amas. Permítenos que cuando nuestros amigos más lo necesiten, los apoyemos. ¡Gracias, Dios santo! Amén.

**Por un amigo que tiene problemas:**

Amado Padre, venimos ante ti hoy, poderoso Dios, para pedirte tu poderosa ayuda y protección para nuestro amigo _____. Él/ella te necesita en este momento, y te pedimos que lo rescates a tu manera tan asombrosa. Gracias por darnos corazones que aman. Ayúdanos a mostrar más amor a nuestro amigo, y a recordarle que no está solo. Gracias, Señor, por escuchar nuestra oración. Confiamos en ti, en el nombre de Jesús. ¡Amén!

## Versículos sobre los amigos

(Lean juntos; piensen en memorizar uno de ellos.)

*En todo tiempo ama el amigo.*                    (Proverbios 17:17)

*Amarás... a tu prójimo como a ti mismo.*          (Lucas 10:27)

*Este es mi mandamiento: Que os améis unos a otros, como yo os he amado. Nadie tiene mayor amor que este, que uno ponga su vida por sus amigos.*          (Juan 15:12-13)

*Hijitos míos, no amemos de palabra ni de lengua, sino de hecho y en verdad.*          (1 Juan 3:18)

*Así que, todas las cosas que queráis que los hombres hagan con vosotros, así también haced vosotros con ellos.*          (Mateo 7:12)

## Promesas de Dios para los amigos

*El bueno alcanzará favor de Jehová.*          (Proverbios 12:2)

*Otra vez os digo, que si dos de vosotros se pusieren de acuerdo en la tierra acerca de cualquiera cosa que pidieren, les será hecho por mi Padre que está en los cielos.*          (Mateo 18:19)

*No nos cansemos, pues, de hacer bien; porque a su tiempo segare-*
*mos, si no desmayamos.* (Gálatas 6:9)

# Oración familiar interactiva

## Opción A: Jarrón interactivo

Primero, encuentra un jarrón grande, y pregunta a los niños si les gustaría decorarlo. Pon el jarrón en un lugar común especial en tu hogar con tiras de papel en blanco y una pluma o lápiz al lado. Haz saber a todos que ese es un jarrón para poner los nombres de amigos o personas por quienes orar en cualquier momento del día o la noche.

Entonces, haz que los miembros de la familia saquen las tiras de papel en cierto momento cada semana. Alaben a Dios por esas personas cuyos nombres están en el jarrón, y oren por las bendiciones de Dios sobre ellos. Esta puede ser una manera divertida de celebrar la amistad, incluidas amistades entre hermanos y padres.

Nuestra familia ora por cada petición hasta que sentimos que la oración ha sido respondida, o la situación se ha resuelto. A veces, toma un tiempo recibir respuestas. Cuando obtenemos respuestas, lo cele-bramos alabando a Dios, dándole gracias, y quitando la petición en la gloria de Dios.

## Opción B: Una sencilla bendición

Pon a tu hijo en el centro de la sala. Haz que se sienta especial, ¡porque sin duda es especial ante los ojos del Señor! Unan sus manos, y toquen al niño por el que desean orar. Haz una oración sencilla y espe-cial con respecto al niño, y dale gracias a Dios por el asombroso tesoro que ese niño es en sus vidas.

## Opción C: Boles de oración ardientes

Escribe cosas que quieras cambiar en tu vida o de las que quieras librarte por completo, especialmente cosas que se estén interponiendo en tu amistad con otros o con Dios. Pueden ser dolores, heridas, rencores, malos pensamientos, malos recuerdos o malos hábitos. Explica a la familia que es importante tomar decisiones para soltar esas cosas. Como dijo Pablo en la Biblia: *"No se amolden al mundo actual, sino sean transformados mediante la renovación de su mente"* (Romanos 12:2 NVI). Después, pongan las tiras de papel en un bol de acero (o en otro recipiente resistente al fuego) una a una, como familia. Aventúrense a salir fuera, y que un adulto queme las tiras de papel. Mientras observan los papeles envueltos en llamas, suelten lo malo y estén preparados para que llegue lo bueno. Es una manera divertida de soltar el pasado, y también es una técnica para librar a las personas de sus problemas e inseguridades. Solo recuerden que lo viejo debe irse, y lo nuevo llega de camino. Ora para que confíen en que Dios les ayudará a ser libres de viejas cargas, y a dar la bienvenida a sus nuevas bendiciones.

## Actividad de oración comunitaria

Ten un tiempo especial de oración con invitados para ofrecer oraciones cortas, de una sola frase, llamadas "Oraciones Palomitas de Maíz (*Popcorn Prayers*)" por amigos que te importan, y también por quienes tienen necesidad. Estas oraciones por lo general no incluyen un principio o un fin; en cambio, una persona comienza, y los demás van diciendo una frase en voz alta, ya sea de petición, alabanza o acción de gracias. ¡Hemos descubierto que estas oraciones son especialmente entretenidas para los niños!

Podrías...

+ Antes de invitar a personas para hacer oraciones "Palomitas de Maíz", pide a un centro local de convalecientes una lista de viudas o ancianos que podrían agradecer la oración y la compañía. Entonces, durante la oración, ora por las personas cuyos nombres recibiste, y alienta a los miembros del grupo a visitarlas.

+ Ofrece palomitas de maíz como aperitivo. Abre unas fundas de palomitas de maíz, y haz que los miembros del grupo lleven las coberturas como queso, mantequilla extra, sal de ajo, sazón de tocineta, pedacitos de chocolate para derretir, canela, azúcar, y otros.

+ Muestra un video sobre un programa de acogida o de adopción de niños, y cómo pueden ayudar los miembros.

+ Muestra un video de un refugio local para animales, que esté disponible para adopciones.

+ Juega a "Adivina las nueces". Ten un recipiente grande lleno de nueces, y pide a los miembros que adivinen cuántas nueces lo llenan. Los ganadores obtienen pases para el cine o un *kit* divertido de una película familiar.

+ Si la reunión está cerca de un día festivo, los invitados podrían quedarse después del tiempo de oración para hacer decoraciones de Halloween o Navidad.

## DEVOCIONAL 3:

# ORACIÓN POR NUESTRA SALVACIÓN Y NUESTRA IGLESIA

### Minuto familiar

Amado Dios, ayúdanos a estar preparados para tu poderoso regreso. Que estemos listos para tu increíble presencia. Que tu gloria poderosa sea manifiesta a todo el mundo. Que muchas más personas te acepten como Salvador ahora. ¡Gracias, Jesús! Amén.

*Porque escrito está: Vivo yo, dice el Señor, que ante mí se doblará toda rodilla, y toda lengua confesará a Dios.* (Romanos 14:11)

### Historia real de Teresa

Uno de nuestros cantos de adoración favoritos como familia es "Solo puedo imaginar" de Mercy Me. Escuchamos la letra, y nos imaginamos caer de rodillas al ver a nuestro Señor y Salvador. Quizá hayas oído este canto, ¡o te hayas preguntado cómo será poder ver finalmente a Jesús!

Hace varios años, soñé que Jesús regresaba… pero yo no estaba preparada. Vi relámpagos, escuché el rugido de truenos, y fui testigo de personas que huían atemorizadas entre el caos en las calles. Alrededor de nosotros había fuego y destrucción. De repente, me desperté con un sentimiento de asombro y frustración.

En mi estado de asombro, supe que era el momento de entregar mi vida de todo corazón a Dios. Tenía que hablar con un pastor, y compartir este sueño. Pedí perdón a Jesús, y estuve de acuerdo en ser bautizada. Cuando entraba para ser bautizada, reía en mi interior porque el pastor llevaba botas de pescador. Él se metió en el agua conmigo, y yo pensaba: *Ahora, esta es la manera de ser bautizada.*

Durante los preciosos momentos que estuve en el agua con mi familia reunida alrededor de mí, recordé la primera vez que entregué mi corazón a Jesús a temprana edad. Saber que era salva y estaba en los brazos de Jesús era la alegría de mi vida. Estaba agradecida por la dirección de un pastor, y sabía que mi familia de la iglesia seguiría estando a mi lado.

## Preguntas e ideas

1. Si vieras hoy a Jesús, ¿qué harías? ¿Darías saltos y correrías rápidamente para estar con Él? ¿Qué le dirías a Jesús?

*Quizá le presentarías una petición de oración especial o le pedirías que llenara tu corazón de paz y amor. Algunos pueden rogar a Dios que les ayude a practicar la esperanza y el perdón en la familia.*

2. Si Jesús regresa hoy en las nubes, ¿estás preparado para reunirte con Él? ¿Has entregado tu corazón por completo a Jesús?

+ Si no lo has hecho, entonces quizá este sea el momento. Eleva esta sencilla oración al Señor con las palabras que salgan de tu propio corazón:

*Señor Jesús, te pido que entres en mi corazón. Soy un pecador, así que perdona mis pecados y sálvame. Creo que moriste en la cruz por mis pecados. Gracias por todo lo que hiciste por mí para ofrecerme vida eterna. Gracias por escuchar mis oraciones, y por amarme a pesar de todo. Por favor, ayúdame a caminar más cerca de ti cada día. Gracias, Jesús. Oro en tu santo nombre. Amén.*

✦  Si lo has hecho, ¿es el Señor tu guía y tu prioridad? ¿Pasas suficiente tiempo con Él cada día?

*Oración, adoración y bautismo ofrecen esperanza y refrigerio para el espíritu humano. La paz sustituye al pandemonio en nuestras vidas cuando pasamos más tiempo con Jesús. Dios conoce nuestros corazones, sea que estemos caminando con Él, totalmente comprometidos con sus enseñanzas, o nos estemos alejando lentamente. Cada día empleado en una relación con Jesús nos lleva más cerca de su reino celestial.*

3. ¿Cómo puede ayudarnos el asistir a la iglesia a caminar más de cerca con Jesús? ¿Cómo podemos ayudar a otros a caminar más de cerca con Jesús?

## Una sencilla oración por la iglesia

Amado Padre celestial:

Te damos gracias hoy por nuestra iglesia, y porque somos seguidores de Jesucristo. Por favor, mantennos fieles en el servicio a ti, santo Dios. Bendice a nuestra iglesia con capacidad, pasión y oportunidad para alcanzar a los perdidos que necesitan escuchar tu mensaje. Que todo sea para tu gloria. Oramos en el nombre de Jesús. Amén.

## Una sencilla oración por nuestro pastor/sacerdote

Gracias, Señor, por la luz de tu mensaje. Gracias porque has dado al pastor _____ las buenas nuevas para predicar a tu pueblo. Oramos que tú estés con él/ella cada día, y hables por medio de él/ella un mensaje a los perdidos, los hambrientos y quienes sufren. Ayuda al pastor _____ a ser un siervo de tu propósito, llevando a muchos más cerca de tu salvación. Que todo sea para tu gloria.

Gracias, Jesús. ¡Amén!

## Versículos sobre nuestra salvación segura

(Lean juntos; piensen en memorizar uno de ellos.)

*Porque no me avergüenzo del evangelio, porque es poder de Dios para salvación a todo aquel que cree.*        (Romanos 1:16)

*Todo aquel que confiese que Jesús es el Hijo de Dios, Dios permanece en él, y él en Dios.*        (1 Juan 4:15)

*Si confesamos nuestros pecados, él es fiel y justo para perdonar nuestros pecados, y limpiarnos de toda maldad.*        (1 Juan 1:9)

## Versículos para nuestra iglesia y líderes espirituales

*Levántate, resplandece; porque ha venido tu luz, y la gloria de Jehová ha nacido sobre ti.*        (Isaías 60:1)

*Y perseverando unánimes cada día en el templo, y partiendo el pan en las casas, comían juntos con alegría y sencillez de corazón, alabando a Dios, y teniendo favor con todo el pueblo. Y el Señor añadía cada día a la iglesia los que habían de ser salvos.*

(Hechos 2:46-47)

*Obedeced a vuestros pastores, y sujetaos a ellos; porque ellos velan por vuestras almas, como quienes han de dar cuenta; para que lo hagan con alegría, y no quejándose, porque esto no os es provechoso.*        (Hebreos 13:17)

## Promesas de Dios para la iglesia

*Así será mi palabra que sale de mi boca; no volverá a mí vacía, sino que hará lo que yo quiero, y será prosperada en aquello para que la envié.*        (Isaías 55:11)

*Y sabemos que a los que aman a Dios, todas las cosas les ayudan a bien, esto es, a los que conforme a su propósito son llamados.*

(Romanos 8:28)

*Yo soy la luz del mundo; el que me sigue, no andará en tinieblas, sino que tendrá la luz de la vida.*                    (Juan 8:12)

*Yo había dicho que tu casa y la casa de tu padre andarían delante de mí perpetuamente; mas ahora ha dicho Jehová: Nunca yo tal haga, porque yo honraré a los que me honran, y los que me desprecian serán tenidos en poco.*          (1 Samuel 2:30)

## Oración familiar interactiva

### Opción A: La importancia de diezmar

Esta actividad se enfoca en Malaquías 3:10-11 como uno de los principales pasajes de la Biblia que explica por qué diezmar (dar una parte de nuestros ingresos) es tan importante para Dios. Es importante enseñar este pasaje a nuestra familia, no solo para que nuestra iglesia pueda ser bendecida por las primicias de nuestros ingresos, sino también para dar gloria a Dios, y asegurarnos bendiciones y favor.

Siéntense como familia y lean Malaquías 3:10-11, y después vean las preguntas y respuestas:

*Traed todos los diezmos al alfolí y haya alimento en mi casa; y probadme ahora en esto, dice Jehová de los ejércitos, si no os abriré las ventanas de los cielos, y derramaré sobre vosotros bendición hasta que sobreabunde. Reprenderé también por vosotros al devorador, y no os destruirá el fruto de la tierra, ni vuestra vid en el campo será estéril, dice Jehová de los ejércitos.*

1. ¿Qué significa "*Traed todos los diezmos al alfolí y haya alimento en mi casa*"?

*Eso significa que tú y tu familia deben llevar una parte de los ingresos ganados* primeramente *a Dios.*

2. *¿Parece eso demasiado?*

*¡Recuerda que lo hacemos a fin de ser bendecidos!* Dios dice: "Probadme ahora... si no os abriré las ventanas de los cielos, y derramaré sobre vosotros bendición hasta que sobreabunde". *Esta es una de las únicas*

*partes en la Biblia donde Dios dice: "Probadme ahora", o en otras palabras:*
*"¡pónganme a prueba!". Como familia, debemos llevar nuestros diezmos a la*
*iglesia por causa de Él y porque Él nos lo ordena, y cuando hagamos eso, Él*
*derramará bendición y suplirá nuestras necesidades familiares.*

3. ¿Importa nuestra actitud sobre dar?

*Sí, nuestra actitud importa. ¡El apóstol Pablo nos dice exactamente cómo*
*dar!* "Pero esto digo: El que siembra escasamente, también segará escasamente; y el que siembra generosamente, generosamente también segará.
Cada uno dé como propuso en su corazón: no con tristeza, ni por necesidad, porque Dios ama al dador alegre" (2 Corintios 9:6-7). *Vaya, no puede*
*estar más claro. Nuestras vidas estarán llenas de oportunidades para dar, ya*
*sea dinero, tiempo o recursos. ¡Que siempre nos esforcemos por dar con alegría!*

Muestra a tus hijos un ejemplo físico, ya sea de tu informe bancario
o de una hoja de papel que tenga una suma bruta del total de ingresos,
sobre cómo sacar el diez por ciento y llenar un cheque para tu iglesia, o
hacer un depósito en tu iglesia local. Si no tienes una iglesia local, piensa
en dar el diezmo a una iglesia local que hayas visitado o a un ministerio que escojas. Entonces, vuelvan a leer como familia la bendición de
Malaquías 3:10-11 para ti y los tuyos.[3]

## Opción B: Voluntarios a bordo

Llama a tu iglesia y pregunta sobre algún proyecto voluntario de
una a dos horas en el que puedas ayudar durante un breve periodo de
tiempo en la tarde. Mientras sirves según el llamado de Dios, toma
momentos para orar sobre las actividades de la iglesia que se están produciendo esa tarde. Este es un método más modesto de enseñar a los
niños cuán importante es dar de nuestro tiempo a Dios y a los demás.

## Opción C: Haz panes para compartir

Sigue la siguiente receta para hacer una mezcla rápida de pan para
compartir con amigos, miembros de la iglesia o vecinos, en el amor de

---

3. Para más referencias sobre de dónde proviene el "diez por ciento" en la Biblia y
otras complejidades del diezmo, ver el útil mensaje "Toward the Tithe and Beyond:
How God Funds His Work", http://www.desiringgod.org/messages/ toward-the-
tithe-and-beyond (consultado en línea el 8 de abril de 2016).

Dios. Mételos en bolsas transparentes, átalos con un lazo, e incluye también una oración para el destinatario. Si no se te da bien hornear, compra una barra de pan recién horneada, y ata el versículo con un lazo.

Receta rápida de pan (para 4 panes)

Mezcla para hornear:    12 tazas de harina para todos los usos

6 tazas de azúcar blanca

12 cucharaditas de polvo de hornear

6 cucharaditas de bicarbonato de soda

6 cucharaditas de sal

Ingredientes secos:    ½ taza de aceite vegetal

2 huevos

Instrucciones: Mezcla bien la harina, azúcar, polvo de hornear, bicarbonato y sal. (Se puede guardar en la despensa durante meses.) Mezcla 3 tazas de la mezcla, el aceite y los huevos. Añade 1 taza de mezcla de frutos secos, pasas o dátiles, etc., si lo deseas. Ponlo en un molde engrasado de 8.5 x 4.5 o en dos de 7.5 x 3.5 engrasados. Hornea a 350° F de 30 a 45 minutos.

Añade un versículo a cada pan, como: *"Bendito el varón que confía en Jehová, y cuya confianza es Jehová"* (Jeremías 17:7).

## Actividad de oración comunitaria

¡Presenta una noche de testimonios! Yo comencé este devocional con una versión breve de mi testimonio. ¿Has notado cuán importantes son los testimonios en la Biblia? El salmista a menudo exclama que hablará de la grandeza del Señor en medio de la congregación; en otras palabras, ¡delante de otros creyentes! (Ver, por ejemplo, Salmos 22:22-24; 71:14-24). De manera similar, en el Nuevo Testamento tenemos numerosos ejemplos de hombres y mujeres hablando y testificando sobre lo que Jesús ha hecho por ellos. (Ver, por ejemplo, Juan 4:28-30; 9:8-25; Hechos 4:13-22; 22:1-21). ¡Dios usa nuestros testimonios para su gloria!

Con esto en mente, presenta una noche de testimonios para creyentes y sus familias. Recuerda que puede ser asombroso para los niños escuchar la historia de cómo llegaron a la fe sus padres, si nunca la han oído antes. Pide a quien se sienta cómodo que comparta brevemente su testimonio; es decir, cómo Dios le atrajo a sí mismo, y cómo ha cambiado su vida. Concluye la tarde con un tiempo de dar gracias a Dios por ser lo bastante poderoso para cambiar nuestros corazones, ¡y tan amoroso que sigue moldeándonos para que seamos vasijas útiles para Él!

# DEVOCIONAL 4:

# ORACIÓN POR ALUMNOS, ESCUELAS Y MAESTROS

## Minuto familiar

Dios, ayúdanos a ser uno contigo y compartir en comunión y esperanza para los demás. Que el mundo sea un lugar más brillante debido a nuestro propósito para ti. ¡Gracias, Jesús! Oramos en tu santo nombre. Amén.

*Que os améis unos a otros, como yo os he amado.* (Juan 15:12)

### Historia real de Teresa

La Sra. McClelland es la maestra a la que más recuerdo de mi niñez. Joven, inteligente y hermosa, amaba a cada niño que había en la clase, y nos alentaba en cada paso. Ella nos enseñó la alegría de aprender; nos alentaba a ser nosotros mismos y a mantenernos fuertes en nuestras convicciones. En una ocasión, ella organizó un viaje al capitolio del estado de Missouri para toda la clase de cuarto grado. Sé que debió haber requerido mucha planificación y esfuerzo. En aquella excursión para los alumnos de cuarto grado, recuerdo estar en las escalinatas del capitolio creyendo en la posibilidad de un futuro brillante y asombroso para mí, y para el resto de mi clase.

Al final del año, la Sra. McClelland dejó la escuela para comenzar una familia. Yo la extrañaba mucho, y creo que ella también pensaba en nosotros porque invitó a algunas de las niñas a su casa para un almuerzo. Aquel fue el primer almuerzo al que yo asistí, y me sentía muy adulta e importante. Es uno de los recuerdos que más atesoro en mi memoria.

Años más tarde, asistí a un servicio especial en la iglesia y, para mi sorpresa, allí estaba sentada la Sra. McClelland, justo a mis espaldas. Nos dimos un abrazo e intercambiamos recuerdos del tiempo que habíamos pasado juntas. Nos alegramos mucho de vernos otra vez. Me fui de la iglesia aquella noche con una sonrisa imborrable.

## Preguntas e ideas

1. ¿Tienes una escuela favorita, cooperativa de escuela en casa, iglesia o maestro o maestra de clase que haya bendecido tu vida?

2. ¿Recuerdas un momento en que fuiste apoyado por alguien especial que te hizo sentir que realmente importabas, y que harías cosas grandes en la vida?

*Maestros y mentores nos ayudan a descubrir la alegría de aprender, y a veces nos inspiran a perseguir nuestros sueños. Parte del proceso implica revelar nuestra identidad interior. ¿Quiénes somos? ¿Quién nos creó? ¿Qué hemos de hacer en este planeta? ¿Cómo podemos marcar una diferencia real y profunda?*

3. ¿Eres un maestro en la vida de alguien?

*Pensar en esas importantes influencias de nuestro pasado o presente puede recordarnos el mayor mandamiento de Dios de amarnos unos a otros como Él nos ha amado. Tal como esos maestros nos han amado, nosotros deberíamos amarlos a ellos y a los demás con el mismo amor. Por lo tanto, alienta a otros a buscar a Jesús. Si tienes hermanos menores, no olvides que ellos te admiran, en cierto grado, como un "maestro". Alentemos también a esos maestros, líderes y mentores en nuestras vidas que verdaderamente marcan una diferencia para Cristo, influenciando a quienes los rodean.*

## Una oración sencilla por los estudiantes

Amado Dios:

Gracias por darme el espíritu de aprendizaje. Te damos gracias por la mente, una asombrosa creación de tu santo poder. Ayúdame a ser el mejor estudiante que pueda ser, a aprender todo lo que tú quieres que aprenda, y a ser obediente y amable con mis maestros. Por favor, dame la sabiduría para compartir tu Palabra dondequiera que pueda con mis compañeros. Ayúdame a estar enfocado en tu voluntad y tu propósito, para así alcanzar las metas que tengo por delante para tu gloria.

Gracias, Dios, por mi escuela, mis maestros, y por todo lo que pueda aprender este año. Por favor, bendice mi escuela con tu protección grande y poderosa. Por favor, pon tu mano santa sobre este lugar maravilloso, y concede que ningún mal se acerque a ella. Confiamos en que tus ángeles nos guardarán, manteniéndola como un lugar seguro para aprender.

Oramos que todos los maestros, directores, entrenadores y consejeros anden en tus caminos, y sean instructores en tu bondad. Gracias por cuidar a todos en mi escuela. Oro en el nombre de Jesús. ¡Amén!

## Versículos para estudiantes

(Lean juntos; piensen en memorizar uno de ellos.)

*Por Jehová son ordenados los pasos del hombre, Y él aprueba su camino.* (Salmos 37:23)

*Acuérdate de tu Creador en los días de tu juventud, antes que vengan los días malos.* (Eclesiastés 12:1)

*Me has guiado según tu consejo, y después me recibirás en gloria.* (Salmos 73:24)

*Reconócelo en todos tus caminos, y él enderezará tus veredas.* (Proverbios 3:6)

> *Aplica tu corazón a la enseñanza, y tus oídos a las palabras de sabiduría.* (Proverbios 23:12)

## Promesas de Dios para estudiantes

> *De cierto, de cierto os digo: El que en mí cree, las obras que yo hago, él las hará también; y aun mayores hará, porque yo voy al Padre.* (Juan 14:12)

> *Riquezas, honra y vida son la remuneración de la humildad y del temor de Jehová.* (Proverbios 22:4)

> *Engrandécela [la sabiduría], y ella te engrandecerá; ella te honrará, cuando tú la hayas abrazado.* (Proverbios 4:8)

> *La memoria de los justos es una bendición.* (Proverbios 10:7)

## Oración sencilla por los maestros

Amado Padre:

Tú eres el Creador de todas las cosas, incluidos nuestros maestros en la comunidad. Te damos gracias por líderes magníficos que se interesan por nuestra educación. Oramos por un futuro exitoso. Te pedimos que bendigas a todos los que en nuestra escuela enseñan y aprenden. Te pedimos que guíes a todos en sus capacidades, que los alientes y los ayudes a ser más como tú. Ayúdalos a ser pacientes, amables y comprensivos. Guíalos en tus caminos.

Oramos en el santo nombre de Jesús. ¡Amén!

## Versículos para maestros

> *Y ¿qué nación grande hay que tenga estatutos y juicios justos como es toda esta ley que yo pongo hoy delante de vosotros?* (Deuteronomio 4:8)

> *Y las repetirás a tus hijos, y hablarás de ellas estando en tu casa, y andando por el camino, y al acostarte, y cuando te levantes.* (Deuteronomio 6:7)

*Instruye al niño en su camino, y aun cuando fuere viejo no se apartará de él.*    (Proverbios 22:6)

*Y todos tus hijos serán enseñados por Jehová; y se multiplicará la paz de tus hijos.*    (Isaías 54:13)

*Y enseña a ellos las ordenanzas y las leyes, y muéstrales el camino por donde deben andar, y lo que han de hacer.*    (Éxodo 18:20)

## Promesas de Dios concernientes a los maestros

*Pedid, y recibiréis, para que vuestro gozo sea cumplido.*
(Juan 16:24)

*Y todo lo que pidiereis en oración, creyendo, lo recibiréis.*
(Mateo 21:22)

*Clama a mí, y yo te responderé, y te enseñaré cosas grandes y ocultas que tú no conoces.*    (Jeremías 33:3)

*Si algo pidiereis en mi nombre, yo lo haré.*    (Juan 14:14)

# Oración familiar interactiva

## Opción A: Oraciones alfabeto

Por cada letra del alfabeto, piensa en un tema relacionado con escuela, alumnos o maestros por el cual orar. Oren en voz alta recorriendo el alfabeto. Cuando cada miembro de la familia diga una letra, alguien debería decir lo primero que venga a su mente relacionado con la escuela, que comience con esa letra, y orar por ese tema. Por ejemplo: para A, académico: orar para ser los mejores estudiantes posibles; B, bondad: orar por expresar bondad los unos hacia los otros; C, conducta: orar por que las conductas de todos honren a Dios, y así, sucesivamente. Enumeren algo por cada letra. Si no se te ocurre nada, pasen a la letra siguiente.

## Opción B: Diario de oración

Entrega a cada miembro de la familia un diario de oración. El propósito de este diario es alentar a cada miembro de la familia, sea grande o pequeño, a anotar sus pensamientos, esperanzas y oraciones. Si un niño es demasiado pequeño, dale un diario de todos modos, y recuérdale que te haga saber cualquier cosa que esté en su mente. Después, tú puedes escribirlo por él/ella. También puedes pedirle que haga un dibujo de lo que esté pensando o por lo que esté orando.

El diario ofrece a los individuos un lugar especial para vertir sus corazones, y acercarse más a Dios. Pueden llevarlo en sus mochilas cuando van y regresan de la escuela, la iglesia, o a cualquier lugar que quieran.

Pide a todos que lleven su diario de oración a sus sesiones de oración familiar diarias o semanales. Pregunta individualmente a cada uno si hay temas en sus corazones o anotados en sus diarios por los que les gustaría orar. Puede que estén relacionados con sus amigos en la escuela, un examen que les preocupa, o pensamientos sobre un maestro.

Pasen unos momentos orando por las peticiones de oración de cada persona. Termina dando gracias a Dios ofreciendo gratitud por su gran amor por ustedes. Como un modo de fomentar la cercanía con Dios, permite que los miembros de la familia compren diarios nuevos cada año o cada trimestre. Aliéntalos a guardar sus escritos en un lugar sagrado para reflexionar en el futuro.

## Opción C: Oraciones deportivas

Escoge el acontecimiento deportivo favorito de la familia. Asistan a ese evento, y oren para que Dios reciba gloria mediante el éxito del equipo; sea una victoria o una derrota, que Él reciba el honor y la alabanza. Podrían tener momentos de oración en la banda, oraciones en la línea de cincuenta yardas, o incluso oraciones en el campo de fútbol; en lo que hagan, que Dios sea su guía con respecto a orar por el equipo y el plan de Dios para ellos y para tu familia.

## Actividad de oración comunitaria

¡Adopta una escuela y ora por ella! Habla con tu familia o tu grupo sobre una escuela que tenga necesidad debido a recientes problemas o dificultades, ya sea de violencia, dificultad económica, prensa negativa, dificultad para retener a los maestros, u otros. Adopten esa escuela como familia, y envíen a sus administradores notas especiales, correos electrónicos y mensajes de ánimo. También pueden saber más mediante sitios web como adoptaschol.org, everyschoolcom/adopt_map, o uniéndose a la Iniciativa Nacional Adopta una Escuela visitando en línea churchadoptaschool.org (en inglés).

# DEVOCIONAL 5:

# ORACIÓN EN LAS COMIDAS

## Minuto familiar

Amado Dios, estamos agradecidos por tu gran cuidado de nuestras necesidades. Gracias por la comida, el agua, y un lugar al que llamar hogar. Por favor, ayúdanos a recordar a los menos afortunados. Cantamos tus alabanzas en el nombre de Jesús. Amén.

*Bueno es alabarte, oh Jehová, y cantar salmos a tu nombre, oh Altísimo.* (Salmos 92:1)

### Historia real de Teresa

Una de las cosas que más nos gusta hacer como familia es comer juntos. A veces, como muchos estadounidenses, nos excedemos con nuestro enfoque en la comida y las meriendas. Sin embargo, nuestra perspectiva cambió hace varios años cuando viajamos a Kazajistán para adoptar a nuestro hijo. Mientras estábamos allí, veíamos repetidas veces a personas sin hogar rebuscando comida en la basura.

¡Qué escena tan devastadora para una familia que disfruta de tener comida! Nos hizo ser muy conscientes de que no todo el mundo es bendecido como muchos de nosotros en América. No todas las familias tienen los mismos medios para poder comprar comida, comer en restaurantes bonitos, o hacer tres o más comidas al día.

De hecho, muchos niños en todo el mundo, nuestro propio país incluido, pasan hambre cada noche. Algunos se consideran afortunados si reciben una sola comida al día. ¡Cómo nos quejaríamos si tuviéramos que prescindir de una sola comida! Sin embargo, afortunadamente, no sufrimos de esa manera.

## Preguntas e ideas

1. ¿Has estado alguna vez cerca de personas sin hogar?

2. ¿Has visto su sufrimiento de primera mano?

3. ¿Has sentido alguna vez su dolor en tu corazón?

4. ¿Has estado alguna vez sin comida y has sentido esa punzada de dolor por el hambre en tu estómago? ¿Y si tuvieras que pasar el día entero sin nada que comer?

*Si estás agradecido por la provisión de Dios y sus abundantes bendiciones, únete en una oración de gratitud.*

## Una sencilla oración de acción de gracias en las comidas

Amado Padre amoroso:

Gracias por ser un estupendo Proveedor. Gracias por todo lo que nos has dado. Gracias por tu Hijo, nuestro Salvador. Gracias por nuestra familia. Gracias por tu luz y tu amor, y por esta comida que vamos a comer. Te damos gracias por todas estas cosas. Por favor, dales el pan de cada día a quienes tienen necesidad. Por favor, perdona nuestros pecados, y ayúdanos a vivir en gozo contigo para siempre. Oramos en el santo nombre de Jesús. Amén.

## Una sencilla oración en la cafetería

Amado Dios:

Bendice esta comida que tengo delante de mí hoy. Ayúdale a nutrir mi cuerpo. Gracias por todo lo que tengo. Oro en tu nombre celestial. Amén.

## Una sencilla oración de acción de gracias

Gracias, Señor, por tu presencia santa en nuestras vidas. Gracias por todo lo que nos has dado. Gracias por tu amor, que es asombroso y verdadero. Gracias por esta comida, que es más de lo que podríamos haber pedido. En el precioso nombre de Jesús oramos y damos gracias. Amén.

## Versículos de acción de gracias

(Lean juntos; piensen en memorizar uno de ellos.)

*Si, pues, coméis o bebéis, o hacéis otra cosa, hacedlo todo para la gloria de Dios.* (1 Corintios 10:31)

*Y también que es don de Dios que todo hombre coma y beba, y goce el bien de toda su labor.* (Eclesiastés 3:13)

*Cuando comieres el trabajo de tus manos, bienaventurado serás, y te irá bien.* (Salmos 128:2)

*Entrad por sus puertas con acción de gracias, por sus atrios con alabanza; alabadle, bendecid su nombre.* (Salmos 100:4)

*Te alabaré, oh Jehová, con todo mi corazón; contaré todas tus maravillas.* (Salmos 9:1)

*El que sacrifica alabanza me honrará; y al que ordenare su camino, le mostraré la salvación de Dios.* (Salmos 50:23)

*Por nada estéis afanosos, sino sean conocidas vuestras peticiones delante de Dios en toda oración y ruego, con acción de gracias.*

(Filipenses 4:6)

## Promesas de Dios para nuestro bienestar

*El justo come hasta saciar su alma.*    (Proverbios 13:25)

*Comeréis hasta saciaros, y alabaréis el nombre de Jehová vuestro Dios.*    (Joel 2:26)

*Bendeciré abundantemente su provisión; a sus pobres saciaré de pan.*    (Salmos 132:15)

*El da en tu territorio la paz; te hará saciar con lo mejor del trigo.*    (Salmos 147:14)

# Oración familiar interactiva

## Opción A: Cena de oración

Pide a cada miembro de la familia que lleve a la mesa una oración por las personas sin hogar, los huérfanos, las viudas, o los menos afortunados. Recorran en círculo la mesa antes y después de cenar, oren por quienes sufren en nuestro mundo, y oren sobre medidas específicas que su familia puede tomar para ayudar en el futuro. ¿Hay algún comedor social local donde puedan prestarse como voluntarios? ¿Algún banco de alimentos donde ser voluntarios? Reciten como familia Santiago 1:27: *"La religión pura y sin mancha delante de Dios nuestro Padre es esta: atender a los huérfanos y a las viudas en sus aflicciones, y conservarse limpio de la corrupción del mundo"* (NVI).

## Opción B: Lista de los diez principales motivos de gratitud

Pide a cada miembro de la familia que escriba una lista de las diez cosas principales por las que están agradecidos, y comparen las listas. Los puntos incluidos podrían ser familia, amigos, buena comida, buen tiempo, un ingreso, o un lugar o actividad favoritos. Si un niño es demasiado pequeño para escribir, los padres pueden pedirle que diga las cosas por las que está agradecido, y anotarlas en un papel. Pídeles que lleven las listas a la cena. Desde ahí, creen una lista principal de gratitud común. Entonces, hagan juntos una oración de acción de gracias a Dios por todas las bendiciones que Él ha dado a su familia. Pongan la lista en un lugar muy visible, como el refrigerador, o péguenla en un armario de la cocina, para que todos puedan recordarla regularmente.

## Actividad de oración comunitaria

Invita a algunos amigos, familiares o vecinos a participar en una merienda en la que todos aportan algo, y que traigan un plato o un acompañamiento para compartir. Quizá puedes incluir un menú que se parezca al siguiente:

Ensalada: Alabanza [¡Alabanza a Dios por su bondad!]

Plato principal: Acción de gracias [Den gracias, incluyendo un versículo de gratitud.]

Extra: Confesión [Entregar todas las cargas a Dios]

Postre: Peticiones [Oración por las necesidades mutuas]

Café/Bebidas: Oración final de gratitud

Como preparación, pide a tus hijos que hagan manteles individuales para cada invitado con pedazos grandes de cartulina, y los decoren con un versículo de este capítulo y con el "menú" anterior.

Entonces, reúnanse con amigos y familiares cuando hayan llegado. Unan sus manos, y pronuncien una bendición sobre el grupo. Compartan comida y conversación sobre Dios, y su gran cuidado. Después, tengan una sesión de oración siguiendo el formato indicado arriba.

# DEVOCIONAL 6:

# ORACIÓN POR NUESTRA PROTECCIÓN, SEGURIDAD Y EL SUEÑO

## Minuto familiar

¡Gracias, Dios! Tú eres nuestra Roca y nuestra salvación. Tú nos fortaleces cuando te buscamos. Ayúdanos a buscarte, Padre celestial, cada vez más. Bendice este tiempo juntos como familia. Oramos en el poderoso nombre de Jesús. ¡Amén!

*No temas, porque yo estoy contigo; no desmayes, porque yo soy tu Dios que te esfuerzo; siempre te ayudaré, siempre te sustentaré con la diestra de mi justicia.* (Isaías 41:10)

### Historia real de Teresa

Un día, estaba preparando los almuerzos de mis hijos para la escuela del día siguiente, y me di cuenta de que nos habíamos quedado sin fundas para sándwiches, y papas fritas. Como la mamá, hice lo que hacen las mamás, y subí al auto para hacer los recados. Después de comprar lo que necesitaba, me dirigí a casa. Pero cuando salía del estacionamiento del supermercado, apareció un auto corriendo de la nada, y me chocó casi de frente. Mi auto giró vueltas completas, y chocó contra una barandilla lateral. Yo me desmayé al instante.

Recuerdo despertarme y ver humo que salía del motor, y estar acorralada por el desastre. Una ambulancia, un camión de bomberos y vehículos de emergencias tenían las sirenas sonando, y había policías a mi alrededor. El otro auto parecía estar destrozado.

Mi primer pensamiento fue: "*¡Oh no, esto es una tragedia! ¿Por qué yo?*". Pero cuando recuperé la consciencia, me di cuenta de que no había ningún arañazo ni en mí ni en el conductor del auto que me chocó. Ambos vehículos estaban totalmente destrozados por un golpe de máximo impacto, y los dos deberíamos haber sido sacados de la escena en ambulancia y llevados a un hospital. Sin embargo, nos fuimos caminando y sin sufrir daños. Eso es puramente la gracia de Dios.

La parte asombrosa de esta historia, al pensarlo, es que siempre oramos como familia por seguridad y protección. Gracias a Jesús por su seguridad, incluso cuando no lo vemos de primera mano. Gloria a Él por su capacidad sobrenatural para guardarnos y protegernos.

## Preguntas e ideas

1. ¿Has estado alguna vez en un accidente, o conoces a alguien que haya experimentado una colisión importante o un desastre?

*Todos afrontamos problemas en varios puntos de nuestras vidas. A veces, tan solo necesitamos la mano de protección de Dios que nos mantenga seguros.*

2. ¿Alguna vez un familiar o tú se han enfrentado a riesgos o preocupaciones de seguridad?

*Quizá conoces a alguien que haya estado frente al terror, el fuego, el robo, o preocupaciones por el bienestar.*

3. ¿Has estado alguna vez asustado por algo, y te preguntaste cómo saldrías de eso?

*Dios es nuestro Defensor poderoso. Sí, los temores pueden evitar que vivamos una vida exitosa si se lo permitimos. Sin embargo, Dios tiene todo el poder para quitar nuestras preocupaciones si tan solo lo buscamos primeramente a Él en oración. Recuerda que Isaías 41:10 nos dice:* "No temas, porque yo estoy contigo; no desmayes, porque yo soy tu Dios que te esfuerzo; siempre te ayudaré, siempre te sustentaré con la diestra de mi justicia". *Recuerda: ¡Dios está aquí y listo para sostenernos con la diestra de su justicia!*

## Oración sencilla por seguridad

Amado Señor:

Gracias por la seguridad y la protección que das a mi familia y mis amigos cada día. Oro para que sigas manteniéndonos cerca ante tus ojos. Mantennos libres de maldad o de problemas. Oro para que tú estés con nosotros dondequiera que vayamos. Oro por el poder de tu protección siempre. Confío en ti, en el nombre de Jesús. Amén.

## Oración por un buen sueño/descanso

Amado Padre celestial:

Gracias por ser mi Padre que me cuida en la noche. Al irme a dormir, te pido tu paz celestial sobre mi cuerpo, mente y espíritu. Oro por un descanso tranquilo durante toda la noche. Oro que cuando me despierte, esté listo para un nuevo día. Oro en el poderoso nombre de Jesús. Amén.

## Una oración por un viaje seguro

Amado Padre celestial:

Hoy salimos de viaje, y nos vamos pidiéndote que estés con nosotros en nuestro viaje. Te pedimos, querido Señor, que bendigas nuestro viaje con tu completa protección. Oramos para que no haya problemas ni retrasos. Oramos que tu mano poderosa nos proteja donde estemos y en lo que hagamos, en el santo nombre de Jesús. ¡Gracias, Señor! Amén.

## Versículos sobre seguridad, protección y el sueño

(Lean juntos; piensen en memorizar uno de ellos.)

*El amado de Jehová habitará confiado cerca de él; lo cubrirá siempre, y entre sus hombros morará.* (Deuteronomio 33:12)

*Torre fuerte es el nombre de Jehová; a él correrá el justo, y será levantado.* (Proverbios 18:10)

*A Jehová he puesto siempre delante de mí; porque está a mi diestra, no seré conmovido.* (Salmos 16:8)

*No tendrá temor de malas noticias; su corazón está firme, confiado en Jehová.* (Salmos 112:7)

*Tendrás confianza, porque hay esperanza; mirarás alrededor, y dormirás seguro.* (Job 11:18)

*Alzaré mis ojos a los montes; ¿De dónde vendrá mi socorro? Mi socorro viene de Jehová, Que hizo los cielos y la tierra.* (Salmos 121:1-2)

*Te haré dormir segura.* (Oseas 2:18)

*En paz me acostaré, y asimismo dormiré; porque solo tú, Jehová, me haces vivir confiado.* (Salmos 4:8)

*Cuando te acuestes, no tendrás temor, sino que te acostarás, y tu sueño será grato.* (Proverbios 3:24)

*Y la paz de Dios, que sobrepasa todo entendimiento, guardará vuestros corazones y vuestros pensamientos en Cristo Jesús.* (Filipenses 4:7)

*Venid a mí todos los que estáis trabajados y cargados, y yo os haré descansar.* (Mateo 11:28)

## Promesas de Dios para nuestra seguridad y descanso

*En el temor de Jehová está la fuerte confianza; y esperanza tendrán sus hijos.* (Proverbios 14:26)

*La casa de los justos permanecerá firme.* (Proverbios 12:7)

*Entonces andarás por tu camino confiadamente, y tu pie no tropezará.* (Proverbios 3:23)

*Mas el que me oyere, habitará confiadamente y vivirá tranquilo, sin temor del mal.* (Proverbios 1:33)

## Oración familiar interactiva

### Opción A: Actividad fuego-huida

Recita el Salmo 91 para apagar los fuegos del enemigo.

*Los que viven al amparo del Altísimo*
*encontrarán descanso a la sombra del Todopoderoso.*
*Declaro lo siguiente acerca del Señor:*
*Solo él es mi refugio, mi lugar seguro;*
*él es mi Dios y en él confío.*
*Te rescatará de toda trampa*
*y te protegerá de enfermedades mortales.*
*Con sus plumas te cubrirá*
*y con sus alas te dará refugio.*
*Sus fieles promesas son tu armadura y tu protección.*

*No tengas miedo de los terrores de la noche*
*ni de la flecha que se lanza en el día.*
*No temas a la enfermedad que acecha en la oscuridad,*
*ni a la catástrofe que estalla al mediodía.*
*Aunque caigan mil a tu lado,*
*aunque mueran diez mil a tu alrededor,*
*esos males no te tocarán.*

*Simplemente abre tus ojos*
  *y mira cómo los perversos reciben su merecido.*

*Si haces al Señor tu refugio*
  *y al Altísimo tu resguardo,*
*ningún mal te conquistará;*
  *ninguna plaga se acercará a tu hogar.*
*Pues él ordenará a sus ángeles*
  *que te protejan por donde vayas.*
*Te sostendrán con sus manos*
  *para que ni siquiera te lastimes el pie con una piedra.*
*Pisotearás leones y cobras;*
  *¡aplastarás feroces leones y serpientes bajo tus pies!*

*El Señor dice: «Rescataré a los que me aman;*
  *protegeré a los que confían en mi nombre.*
*Cuando me llamen, yo les responderé;*
  *estaré con ellos en medio de las dificultades.*
  *Los rescataré y los honraré.*
*Los recompensaré con una larga vida*
  *y les daré mi salvación».*

(Salmo 91 NTV)

Ora por seguridad y descanso para cada miembro de la familia según este pasaje. El Salmo 91 promete que Dios será nuestro refugio y protección en todas las situaciones mientras lo busquemos a Él. Por lo tanto, búsquenlo a Él como familia y aprendan sobre esta poderosa Palabra de Dios. Porque Efesios 6:17 dice: *"Y tomad el yelmo de la salvación, y la espada del Espíritu, que es la palabra de Dios"*. La Palabra de Dios es nuestra arma contra el enemigo: los ataques del diablo.

## Opción B: Plan de emergencia familiar

Desarrolla un plan familiar para incendios, el tiempo atmosférico y otras emergencias. Hablen de un lugar seguro y cercano donde tu familia pueda ir si alguna vez tienen que separarse. Entonces, ora para que Dios bendiga ese plan.

## Opción C: Ceremonia de bendición familiar

Recorran su casa como familia, deteniéndose en cada habitación y orando. En el cuarto de los niños, oren por su descanso y seguridad. En las zonas de trabajo de los padres, oren por paz. En la cocina, oren por salud, fuerza y comunión. En la sala, oren por buenas conversaciones. En la oficina de su hogar, si es que tienen, oren por éxito financiero. En el garaje oren para que sus vehículos circulen con seguridad. ¡Pide a tus hijos otras ideas sobre qué orar en cada habitación! Entonces, ora por tus hijos, y pide a Dios que los bendiga en el hogar, en sus vidas y en el futuro.

## Actividad de oración comunitaria

Como grupo comunitario, forma un comité de reunión de oración. Adopten un departamento de policía o de bomberos por el cual orar cada semana. Pide al jefe de policía o de los bomberos que se unan a su grupo, y que les hablen sobre su unidad, sus necesidades y retos específicos. Puede que ellos no sean cristianos, ¡pero aún así pueden agradecer la atención y el interés! Oren por esas peticiones cada semana. Escribe notas de oración a hombres y mujeres individuales de la policía y los bomberos, pidiendo sobre ellos la protección y la seguridad de Dios. Visiten juntos el departamento de policía o de bomberos. Pide a tus hijos que hagan dibujos para entregárselos a los hombres y las mujeres de la policía y los bomberos. Como alternativa, invita a todos ellos a tu grupo para un tiempo especial de compartir un almuerzo o un postre, ofreciendo momentos de oración y acción de gracias por su servicio, y el favor de Dios sobre ellos.

## DEVOCIONAL 7:

# ORACIÓN POR NUESTRO MUNDO, NACIÓN Y COMUNIDAD

### Minuto familiar

Amado Dios, por favor, ten misericordia de nuestra nación y nuestra comunidad. Permítenos tener tu paz, y mantennos libres de todo daño. Entendemos que tú eres nuestro refugio en la tormenta y en los problemas. Gracias por ser nuestro rescatador, en el poderoso nombre de Jesús, oramos. Amén.

*La paz os dejo, mi paz os doy; yo no os la doy como el mundo la da. No se turbe vuestro corazón, ni tenga miedo.* (Juan 14:27)

### Historia real de Teresa

Ya avanzada la tarde del día 22 de mayo de 2011 llegó a Joplin, Missouri, el tornado más mortal en los Estados Unidos desde hacía medio siglo. Con vientos fuertes de más de 200 millas (300 kilómetros) por hora y una trayectoria de una milla (1,6 kilómetros), el tornado arrasó con calles, hogares, estacionamientos y negocios.

Antes de que llegara, nuestra prima Sarah (una de varios parientes nuestros que viven en Joplin) se subió a su auto para ir a comprar la cena y comida para el perro. Cuando llegó al centro de la ciudad, comenzaron a sonar las sirenas, pero ella no se dio cuenta de lo que estaba sucediendo, y siguió viajando hasta Walmart. Estacionó el auto y entró, solamente para encontrar al gerente gritando a todo el mundo: "¡No pueden comprar en este momento! ¡Tienen que ir a la parte trasera para refugiarse, o irse de inmediato!". Una voz en su interior le dijo que se fuera, de modo que Sarah regresó a su Jeep y comenzó a salir. Condujo hasta la parte oeste del estacionamiento, y sintió un fuerte impulso a estacionarse. Eso hizo, y la lluvia comenzó a caer de modo incontrolable. Ella pensó para sí: "Puedo conducir hasta casa aunque llueva tanto". Pero precisamente entonces, un carrito de la compra golpeó el costado de su vehículo, y la ventanilla trasera se hizo pedazos. Sarah dijo a nuestra familia: "Comencé a orar: 'Dios, tú estás conmigo siempre'. En cierto momento escuché algo en mi interior que decía: 'Quita tu pie del freno'". Sarah hizo lo que Dios le indicó, y en ese momento su vehículo se giró abruptamente y se quedó mirando al norte, en lugar del oeste.

Mientras Sarah estaba en el estacionamiento, el tornado había desprendido el tejado de metal del edificio de Walmart que estaba a su lado, y partes del tejado caían sobre los clientes y los empleados que estaban dentro. Una viga de apoyo cayó sobre una familia y los mató al instante. El total de fallecidos en Walmart fue de 89; según CNN, el tornado que golpeó Joplin mató a 158 personas, y dejó heridas a más de mil.[4] Fue una tragedia devastadora. Cuando escuchamos de tales tornados, terremotos y tragedias en todo el mundo y en nuestro propio país, somos llamados a emprender la acción, orar y llevar *los unos las cargas de los otros* (Gálatas 6:2). La ciudad de Joplin calcula que aparecieron más de 130.000 voluntarios después de la tormenta y durante el año siguiente para ayudar a las familias a reconstruir sus casas. Gloria a Dios por su protección y su amor que se demuestran mediante los actos de personas que se interesan. ¡Ninguno de nosotros estaría aquí sin la cobertura de la gracia salvadora de nuestro Dios todopoderoso!

4. "10 deadliest U. S. tornadoes on record", CNN.com, 27 de abril de 2013, http://www.cnn.com/2013/01/30/us/deadliest-tornadoes/.

## Preguntas e ideas

1. ¿Has estado alguna vez en una tormenta?

*Oímos de tornados, terremotos, inundaciones, y tragedias causadas por el hombre en todo el mundo, y en nuestro propio país.*

2. Cuando ves la devastación que aparece en todas las noticias, ¿sientes el dolor de quienes sufren?

3. ¿Ha experimentado tu ciudad o tu comunidad una dificultad o un desastre?

4. ¿Estás preocupado por el mundo y por nuestra nación? ¿Por tu futuro?

*Dios tiene el poder para protegernos. Él puede salvarnos de las tormentas de nuestra vida. Busquémoslo juntos en oración.*

## Una oración sencilla por la paz del mundo

Amado Dios de Luz y de Verdad:

Te damos gracias por todas las personas de nuestro mundo y de nuestra nación. Te damos gracias por cuidar de nosotros. Oramos para que tu santo poder esté con nosotros, especialmente con nuestros líderes del mundo, para que mantengan la paz con otras naciones. Ponemos nuestra confianza en tu capacidad de causar bien al mundo. Confiamos en que tú vencerás el mal. Oramos para que haya esperanza para quienes están sufriendo. Ayúdanos a acercarnos y echar una mano a las personas que lo necesitan. Por favor, lleva paz a todas las personas, recordándonos que tú nos creaste mediante tu mano poderosa y santa. ¡Gracias, Dios! Amén.

## Una oración sencilla por nuestra nación

Amado Dios todopoderoso:

Gracias por nuestra maravillosa nación, y por todas las libertades que tú nos otorgas. Te pedimos que protejas nuestro país de la guerra y el desastre. Te pedimos que guíes y dirijas a nuestro presidente y a los líderes, en todas sus decisiones. Dales fuerzas y valentía para hacer siempre lo correcto, y actuar según tu voluntad, Dios santo, y nunca guiados por planes egoístas. Por favor, protege nuestros derechos como ciudadanos libres, y ayuda a que nuestro futuro sea brillante y pacífico. Oramos y confiamos en el poderoso nombre de Jesús. Amén.

## Una oración sencilla por nuestra comunidad

Amado Padre poderoso:

Gracias por esta comunidad que queremos y disfrutamos. Gracias por cada persona que has traído a vivir aquí en nuestra zona. Oramos por paz para nuestros ciudadanos, por buenas decisiones por parte de quienes están en autoridad, y para que tu mano santa descanse sobre esta comunidad. Te pedimos que nos permitas vivir en paz, mostrando respeto por otros, y esforzándonos siempre por lo que es bueno y aceptable ante tus ojos. Oramos y confiamos en el santo nombre de Jesús. Amén.

## Versículos sobre nuestro mundo, nación y comunidad

(Lean juntos; piensen en memorizar uno de ellos.)

*Porque la tierra será llena del conocimiento de Jehová, como las aguas cubren el mar.* (Isaías 11:9)

*Bendito serás tú en la ciudad, y bendito tú en el campo.* (Deuteronomio 28:3)

*Y la paz de Dios, que sobrepasa todo entendimiento, guardará vuestros corazones y vuestros pensamientos en Cristo Jesús.* (Filipenses 4:7)

*Jehová, tú nos darás paz, porque también hiciste en nosotros todas nuestras obras.* (Isaías 26:12)

*El da en tu territorio la paz.* (Salmos 147:14)

## Promesas de Dios para nuestro mundo

*Y yo daré paz en la tierra, y dormiréis, y no habrá quien os espante.* (Levítico 26:6)

*Jehová dará poder a su pueblo; Jehová bendecirá a su pueblo con paz.* (Salmos 29:11)

*Paz sea sobre Israel.* (Salmos 125:5)

*Mucha paz tienen los que aman tu ley, y no hay para ellos tropiezo.* (Salmos 119:165)

*Y mi pueblo habitará en morada de paz, en habitaciones seguras, y en recreos de reposo.* (Isaías 32:18)

 ## Oración familiar interactiva

### Opción A: Asistir a un servicio de oración comunitario o congregacional

+ Recuerda el Día Nacional de Oración, que se celebra anualmente el primer jueves de mayo. Muchas iglesias y ciudades realizan servicios especiales que están abiertas al público. Consulta en línea www.nationaldayofprayer.org. Puede ser una gran oportunidad para unirte a tus vecinos en oración.

+ Recuerda el Día Mundial de Oración, que se celebra anualmente el primer viernes de marzo. Consulta en línea los acontecimientos que haya en tu área en www.worlddayofprayer.net, o mediante correo electrónico en admin@worlddayofprayer.net.

+ Únete a una cadena de oración, grupo de oración en la iglesia, o reconecta con otro grupo de oración en tu vida.

+ Forma tu propia cadena de oración en grupo por correo electrónico o redes sociales. Lo único que tienes que hacer es escribir o llamar a algunos amigos, y pedir su participación. Indaga las necesidades de oración, y mantente al día regularmente. Puedes desarrollar un sitio en Google donde puedas subir necesidades de oración y añadir actualizaciones de oración vía Google. Establece una app mediante apps.google.com/products/drive/.

## Opción B: Orar por quienes nos sirven

Llama al líder de seguridad de tu vecindad, jefe de policía, alcalde, político, u otro consejero de la ciudad. Dales las gracias por su servicio, y pregúntales si puedes hacer una oración como familia por su seguridad. Si están de acuerdo, pon el teléfono en altavoz y, como familia, declara una breve bendición sobre ellos.

## Opción C: Organiza una noche de noticias de oración

Pide a todos que escojan en las noticias una historia digna de oración, y compartan por qué se interesan por ese tema. Podría ser un cambio a gran escala y continuado que se esté produciendo en la sociedad. Podría tratarse de una tragedia o desastre natural. Podría ser sobre un viaje misionero. Puede que quieras ver la noticia con antelación, consultar el periódico o también hojear con tus hijos una revista sobre temas actuales, para encontrar historias que sean dignas de oración.

Cuando estén listos para orar, pide a los miembros de tu familia que alaben a Dios por su poder para guiar a otros que pueden estar en problemas o sufriendo. Entonces pide a cada uno que comparta la noticia que esté en su corazón, y oren, uno por uno, por cada asunto. Después, oren por sabiduría y maneras de ayudar en esos asuntos, si es posible y adecuado. Incluso pueden hablar más después sobre cómo pueden ayudar. Podrían querer escribir cartas para alentar corazones que sufren, enviar dinero para ayudar a una organización que trabaja con los necesitados, o planear un viaje misionero familiar para ayudar a quienes tienen necesidad.

Concluyan la actividad en oración por la audaz intervención de Dios. ¡Recuerda a tus hijos que la oración es una fuerza poderosa para bien! Alaben a Dios por lo que Él está a punto de hacer. Confíen en Él para que haya movimiento, y que su gloria sea dada a conocer.

## Actividad de oración comunitaria

Adopten a una misión local. Oren por este proyecto a lo largo de su viaje, encuentren maneras apropiadas para que los niños se ofrezcan como voluntarios dentro de un calendario de tiempo razonable, y documenten, con fotos incluidas, su tiempo juntos. Algunas ideas sobre misiones locales incluyen casas para niños y coaliciones de acogida, albergues para las personas sin hogar, centros para embarazadas, albergues para mujeres, comedores sociales, distribución de ropa, ministerios en jardines, asilos de ancianos y centros para convalecientes, campañas de donación de sangre, paseos de oración, limpieza de barrios, recogida de mochilas y materiales escolares, proyectos de construcción para los necesitados, acogida de animales y proyectos de adopción, y muchos más. Consulta tus páginas amarillas o blancas locales para encontrar lugares donde invertir en tu comunidad.

## DEVOCIONAL 8:

# ORACIÓN POR QUIENES ESTÁN ENFERMOS

### Minuto familiar

Amado Dios, te pedimos con todo nuestro corazón tu bendición y tus grandes respuestas. Te daremos toda la gloria por lo que haces, y sabemos que tú eres el gran Médico. Ayúdanos, sánanos, sálvanos y ámanos. Oramos en el santo nombre de Jesús, y te damos las gracias. Amén.

*Porque de cierto os digo, que si tuviereis fe como un grano de mostaza, diréis a este monte: Pásate de aquí allá, y se pasará; y nada os será imposible.*                                                        (Mateo 17:20)

### Historia real de Teresa

Mi compañera de oración Deb Baird tiene un tremendo testimonio de sanidad. Hace varios años, su esposo Jeff y ella abordaron un avión hacia Pennsylvania. Durante el vuelo, ella experimentó una hemorragia horrible. Muy asustados, se bajaron del avión y fueron rápidamente al hospital. Allí, los médicos descubrieron que Deb tenía un tumor muy grande y también una hernia. ¡Eso significaba cirugías consecutivas!

Las cirugías de emergencia resultaron bien. Sin embargo, unos días después ella se despertó, y descubrió que se le había abierto la incisión y su piel no parecía sana. Consultó con el médico, que la examinó y decidió que era necesario hacer una *tercera* cirugía.

Esa noche, Deb voló a su casa para reunir algunas pertenencias y dirigir un estudio para mujeres en la iglesia (¡eso sí que es dedicación!), y le habló al grupo sobre la cirugía que iban a hacerle. Una de las mujeres se acercó a ella y le dijo: "Deb, siento que el Señor me está dirigiendo a orar por ti. Siento en mi corazón que Dios va a sanarte".

Todas las mujeres se pusieron de acuerdo en oración, imponiendo manos sobre Deb, y orando con la certeza de Mateo 17:20. Deb describe el encuentro como "un sentimiento cálido y hermoso, como si estuvieran derramando aceite sobre mi cuerpo". La mañana de la cirugía, Deb se despertó y descubrió que la herida de su estómago se había cerrado totalmente, y se veía normal y sana.

Aún así, Deb y Jeff fueron al hospital para contar lo que había sucedido. Las enfermeras pidieron comprobar su presión sanguínea y sus signos vitales, mientras Deb exclamaba con gran euforia: "¡Creo que Jesús me sanó! ¡Mírenlo!". Las enfermeras siguieron insistiendo en llevarla a la sala de preparación para la cirugía. Deb seguía afirmando: "Por favor, llamen a mi médico. ¡No creo que necesite cirugía!". Finalmente entró el médico, que no era creyente, y escuchó a Deb con escepticismo. "Dudo de que esté sanada", respondió él. Inspeccionó con detalle la zona y entonces, con incredulidad, llamó a otros dos médicos. Deb volvió a insistir: "¡Esto es un milagro!".

"Me ha convencido, Deb. ¡Nunca antes he visto nada parecido a esto!", dijo el médico. "Pensé que cosas como esta solamente se producían en tiempos de la Biblia".

"No, doctor", respondió Deb. "Jesucristo es el mismo ayer, y hoy, y siempre" (ver Hebreos 13:8). Inmediatamente detrás de la asombrosa afirmación, una de las enfermeras preguntó a Deb: "¿Podrían usted y esas mismas mujeres orar por mi matrimonio?". Sin dudar, Deb le dijo que sí.[5]

## Preguntas e ideas

1. ¿Alguna vez has tenido gripe o un resfriado, sintiéndote realmente mal y horrible? Ya sabes, ese tipo de enfermedad en que tienes escalofríos, tos, dolor en todo el cuerpo, y tan solo quieres quedarte en la cama sin hacer nada.

*A veces, incluso cuando te sientes horrible, pequeños consuelos como un plato de sopa de pollo podría ayudar un poco. Un toque tierno o la oración pueden igualmente aliviar nuestros sufrimientos.*

2. ¿Tiene algún miembro de la familia o tú una enfermedad que te preocupa?

3. ¿Conoces a alguien que esté sufriendo en este momento?

4. ¿Te preocupan las enfermedades y los gérmenes que hay en el mundo?

*Todos nos preocupamos por la salud algunas veces, y por cómo será el futuro; Pero Dios puede quitar cualquier enfermedad, tristeza o sufrimiento si se lo pedimos. Tengamos fe en Dios, quien puede mover las montañas que haya en tu vida. Jesús es nuestro único y verdadero Sanador.*

## Una oración sencilla por quienes están enfermos

Amado Dios:

Tú eres la fortaleza para todos aquellos que te aman y confían en ti. Tú eres el grande y poderoso Médico, un Sanador asombroso para quienes están enfermos y necesitados. Gracias por escuchar hoy nuestra oración por _____. Confiamos en que tú harás que se sienta mejor; que su enfermedad se convierta de nuevo en buena salud y alegría.

Oramos en el poderoso nombre de Jesús. Amén.

---

5. Deb Baird es la fundadora de God's Own (www.iamgodsown.com), conferencista y esposa de pastor.

## Una oración sencilla por tu propia salud

Amado Dios:

Gracias por la vida que tú me has dado. Tú eres mi Padre, mi Dios y mi Sanador. Te alabo por todas estas cosas. Señor, confío en ti para que pueda recuperar mi buena salud. En este momento no me siento bien, pero sé que tú puedes hacer que me sienta mejor. Te pido que des fortaleza a mi cuerpo, que me sanes totalmente, y que me ayudes a ser un testamento de tu santo poder y tu amor. Oro para que me ayudes a actuar con amor aunque me sienta enfermo. Oro en el nombre de Jesús, amén.

## Una oración sencilla por la salud de la familia

Amado Padre del cielo:

Hoy venimos ante ti en el santo nombre de Jesucristo, pidiéndote buena salud para nuestros cuerpos. Ahora estamos enfermos, y te pedimos que nos mejores. Tu santa Palabra dice que por las llagas de Cristo somos sanos (ver 1 Pedro 2:24). Confiamos en que tú escuchas nuestra oración, y en seguida nos sentiremos mucho mejor. ¡Gracias, Señor Jesús! Amén.

## Oración por una cirugía

Amado Padre celestial:

Gracias porque tú eres nuestro poderoso Sanador. Confiamos en ti para que _____ se recupere después de su próxima cirugía. Te pedimos que dirijas la mano del médico que hará la operación y que todo vaya perfectamente. Creemos, Señor, que tú darás sabiduría a los médicos al tratar a _____, y que pronto volverá a estar sano y fuerte. ¡Gracias, Jesús!

## Oración por un milagro

Amado Padre celestial:

Tú eres un Dios asombroso y un poderoso Sanador. Todo está en tus manos. Por lo tanto, acudimos hoy a ti por _____, pidiéndote un milagro de sanidad. Sabemos que tú tienes toda la capacidad para sanar su cuerpo incluso en la condición en que está ahora. Tú eres un Dios misericordioso y asombroso. *"Porque nada hay imposible para Dios"* (Lucas 1:37). Confiamos en tu Palabra, que dice que podemos pedir cualquier cosa en tu nombre y tú lo harás para que el Padre sea glorificado en el Hijo. Hoy te pedimos por _____ para que sea sanado por completo, y tu gloria brille. Oramos y confiamos en el nombre de Jesús. Amén.

## Versículos sobre enfermedad y sanidad

(Lean juntos; piensen en memorizar uno de ellos.)

*Sáname, oh Jehová, y seré sano; sálvame, y seré salvo; porque tú eres mi alabanza.*                    (Jeremías 17:14)

*He aquí que yo les traeré sanidad y medicina; y los curaré, y les revelaré abundancia de paz y de verdad.*           (Jeremías 33:6)

*No seas sabio en tu propia opinión; teme a Jehová, y apártate del mal; porque será medicina a tu cuerpo, y refrigerio para tus huesos.*                    (Proverbios 3:7-8)

*(...) Y por su llaga fuimos nosotros curados.*           (Isaías 53:5)

*Envió su palabra, y los sanó, y los libró de su ruina.*
                    (Salmos 107:20)

*El sana a los quebrantados de corazón, y venda sus heridas.*
                    (Salmos 147:3)

*Amado, yo deseo que tú seas prosperado en todas las cosas, y que tengas salud, así como prospera tu alma.*        (3 Juan 1:2)

*Porque son vida a los que las hallan, y medicina a todo su cuerpo.*
                    (Proverbios 4:22)

*Pedid, y se os dará; buscad, y hallaréis; llamad, y se os abrirá.*
                    (Mateo 7:7)

## Promesas de Dios para Nuestra salud

*(...) Guardando todos sus estatutos y sus mandamientos que yo te mando, tú, tu hijo, y el hijo de tu hijo, todos los días de tu vida, para que tus días sean prolongados.*                    (Deuteronomio 6:2)

*Lo saciaré de larga vida, y le mostraré mi salvación.*

(Salmos 91:16)

*Porque por mí se aumentarán tus días, y años de vida se te añadirán.*                    (Proverbios 9:11)

*Andad en todo el camino que Jehová vuestro Dios os ha mandado, para que viváis y os vaya bien, y tengáis largos días en la tierra que habéis de poseer.*                    (Deuteronomio 5:33)

*Vendrás en la vejez a la sepultura, Como la gavilla de trigo que se recoge a su tiempo.*                    (Job 5:26)

*Porque largura de días y años de vida y paz te aumentarán.*

(Proverbios 3:2)

*Mas yo haré venir sanidad para ti, y sanaré tus heridas.*

(Jeremías 30:17)

## Oración familiar interactiva

### Opción A: Haz un paseo de oración en un hospital

Haz un paseo de oración en un hospital para visitar a quienes están en el hospital o en un asilo de ancianos. Pregunta a tu iglesia si hay alguien en el hospital que necesite una visita. Pasa tiempo orando por personas que necesiten aliento. Anima a quienes sufren o están solos. Siéntense como familia después de su visita para compartir una cosa buena que sucedió mientras oraban por otros.

Si no pueden viajar durante este tiempo, hagan llamadas telefónicas a las personas que están en el hospital, en un asilo de ancianos, o que estén enfermas. Diles que están reunidos como familia, y les gustaría orar por ellos si están de acuerdo. Si asienten, entonces hagan una oración al unísono, y terminen con un sonoro "¡Amén!". Dile a la persona que seguirán orando por ella, o siéntate con tu familia para escribir notas de ánimo a personas que necesiten ser levantadas en oración. Recuerden a esos individuos en los días siguientes en sus oraciones familiares. Escriban una tarjeta de oración de seguimiento cuando la persona vuelva a su casa, orando por su continuada recuperación y sanidad.

## Opción B: Oraciones médicas en el camino

Cuando vayan en el auto como familia y pasen al lado de un hospital, centro médico o consulta de un médico, tomen un momento para orar por los médicos, enfermeras, personal médico y pacientes que haya en el interior. Si ven en el cristal de un auto una pegatina que indica que es de una persona con discapacidad, oren por la salud y la sanidad de esa persona. Si ven a una ambulancia que les adelanta en la carretera, oren por la persona que va dentro o por quien pueda ir dentro en el futuro, para que haya una sanidad perfecta en sus cuerpos. Oren para que los trabajadores en urgencias tengan sabiduría para dar el mejor cuidado a ese individuo.

## Opción C: Marcadores de oración

Busca en Google plantillas para marcadores, e imprímelas para todos los miembros de la familia. (A nosotros nos gustan los que hay en https://www.template. net/business/word-templates/blank-book-mark-template/). Imprime los marcadores en papel grueso o cartulina, y después coloréalos y diseña los marcadores. Haz adornos en forma de cruz igualmente imprimiendo una plantilla, recortándola y decorándola. Incluye una breve oración o versículo en cada uno. Después, lleven los marcadores y/adornos a personas que estén en el hospital o en un asilo de ancianos, como regalo de aliento y "punto de conversación" si se quedan sin palabras que decir.

## Actividad de oración comunitaria

Como grupo, tengan un tiempo para hacer tarjetas, y después, escriban una pequeña nota en las tarjetas para quienes tienen enfermedades. Recopilen direcciones, y envíen la tarjeta por correo postal. Terminen orando como grupo por los individuos que están enfermos.

## DEVOCIONAL 9:

# ORACIÓN EN TIEMPOS DE AFLICCIÓN Y DIFICULTADES

## Minuto familiar

Amado Dios, tú eres nuestro Padre, Creador, nuestra esperanza y salvación. Gracias, Jesús, por tu sacrificio por nuestros pecados, por morir en la cruz y resucitar, para que podamos tener vida eterna. Gracias, Príncipe de Paz, por tu consuelo y amor constantes. Sabemos que cosas como la enfermedad y la muerte pueden dar miedo, y por eso ponemos toda nuestra confianza y fe en ti. En tu santo nombre oramos. Gracias, Jesús. Amén.

*Porque de tal manera amó Dios al mundo, que ha dado a su Hijo unigénito, para que todo aquel que en él cree, no se pierda, mas tenga vida eterna.* (Juan 3:16)

### Historia real de Teresa

Todos nos ponemos tristes cuando vemos en el cine o el teatro adaptaciones de la crucifixión de Jesucristo, o leemos el relato original en los evangelios. Es difícil creer que las personas pudieran ser tan crueles con Jesús, y lo hubieran entendido tan mal.

Él fue golpeado y azotado públicamente antes de que largos clavos atravesaran sus muñecas y sus pies para clavarlo a la cruz. Allí, estuvo colgado durante seis dolorosas horas entre dos delincuentes convictos. Una burlona inscripción que pusieron por encima de su cabeza decía: "El Rey de los judíos". Soldados le gritaron mezquinos insultos mientras su bendita madre, María, y Juan, el discípulo, miraban con lágrimas y sufrimiento. Desde la cruz, Él habló a su madre y a Juan, y también gritó en agonía a su Padre: "Dios mío, Dios mío, ¿por qué me has desamparado?". Oscuridad cubrió la tierra. Entonces Jesús clamó con voz firme: "Padre, en tus manos encomiendo mi espíritu". Un terremoto sacudió la tierra, derribando el templo. Pero tres días después, tras ser sepultado en un oscuro sepulcro, Jesús resucitó de la muerte, y su luz y su vida brillan hoy para todos nosotros, pecadores (ver Mateo 27-28; Marcos 15-16; Lucas 23-24; Juan 19-20).

La crucifixión y la brutalidad de esta historia traspasan nuestros corazones. Cuando decidimos permitir a nuestros hijos que vieran la película *Jesús* de principio a fin para que pudieran ver lo dolorosa que es la vida y sin embargo cuán grande es el amor de Jesús, el sacrificio de nuestro Salvador en la cruz hizo que los ojos de nuestra hija se llenaran de lágrimas. Sin embargo, ella también reconoció que la muerte no es el final. Debido a Cristo y su sacrificio, la muerte es, para el cristiano, un nuevo principio. Con solo cuatro años de edad, Meyana pidió a Jesús que entrara en su corazón, y desde entonces ella ha sido una de sus principales porristas. Llenos de gratitud, reconocemos juntos a un Salvador que nos ama, resucitó, ¡y vive hoy!

## Preguntas e ideas

1. ¿Has visto o escuchado alguna vez la historia de Jesús en la tierra de principio a fin?

2. ¿Parece triste la historia de la muerte de Jesús? ¿Qué sucedió después?

*El sacrificio de Jesús en la cruz puede ponernos tristes durante la crucifixión, pero contentos al final. Está bien estar tristes. Incluso Jesús lloró ante la tumba de su amigo Lázaro. Hasta que Cristo regrese otra vez y toda lágrima sea enjugada, habrá tristeza y muerte en la tierra. Por eso miramos con esperanza a Cristo, quien resucitó a Lázaro de la muerte, y Él mismo fue resucitado de la muerte al tercer día, ¡derrotando para siempre a la muerte!*

3. ¿Conoces a alguien que haya fallecido? ¿Te asusta la idea de la muerte? ¿En qué puedes pensar cuando la muerte te haga sentir miedo?

*¡Jesús! Él es la llave a la vida eterna de modo que, incluso en la muerte, podamos vivir. Debido a que Él resucitó de la muerte, derrotó a la muerte; ¡la muerte ya no tiene ningún poder! La muerte es tan solo la puerta a la vida eterna en la presencia de Jesús. Cuando lo busques a Él, podrás descubrir más sobre su historia y formar un vínculo para llevarlo contigo en los momentos buenos y en los malos. Jesús es la llave a la eternidad, el amor y el gozo. ¡Gloria a Jesús!*

## Una oración sencilla cuando alguien a quien amas ha muerto

Amado Padre celestial:

Estamos muy tristes porque _____ ha muerto. Sin embargo, sabemos y confiamos en que tú estás cuidando de él/ella en el gozo del cielo. Por medio de ti podemos habitar en la casa del Señor para siempre. Oramos para que consueles a quienes amaban a _____. Ayúdalos a tener tu paz en sus corazones. Rodéalos de tu amor. Que quede un amoroso recuerdo de _____ en sus corazones. Gracias, Jesús. Amén.

## Oración sencilla por alguien que puede estar muriendo

Amado Dios Todopoderoso:

Gracias por la vida de _____, y por todo lo que él/ella significa para muchos. Oro para que tú lleves una gran paz y consuelo a _____. Oro para que no sufra dolor; oro para que le des descanso y seguridad de que tú estás con él/ella a pesar de todo, y que tú quitarás las cargas de su corazón. Oro en el nombre de Jesús. Amén.

## Oración por los enfermos crónicos

Hoy oramos por _____, para que pueda conocerte y confiar en ti. Oramos para que si es tu voluntad, poderoso Dios, tú sanes a _____. Te daremos a ti toda la gloria, honor y alabanza. Si no es tu voluntad sanar a _____, oramos para que estés con él/ella en todo momento. Envía a tus ángeles para que le rodeen, y otórgale tu paz y serenidad. Alivia el dolor de su cuerpo, y haz que todo mejore en tu consuelo y amor. En el precioso nombre de Jesús confiamos. Amén.

## Versículos sobre nuestra esperanza en Cristo

(Lean juntos; piensen en memorizar uno de ellos.)

*Bienaventurados los que lloran, porque ellos recibirán consolación.*
(Mateo 5:4)

*Bendito sea el Dios y Padre de nuestro Señor Jesucristo, Padre de misericordias y Dios de toda consolación.*      (2 Corintios 1:3)

*Enjugará Dios toda lágrima de los ojos de ellos; y ya no habrá muerte, ni habrá más llanto, ni clamor, ni dolor; porque las primeras cosas pasaron.*      (Apocalipsis 21:4)

*Aunque ande en valle de sombra de muerte, no temeré mal alguno, porque tú estarás conmigo; tu vara y tu cayado me infundirán aliento.*      (Salmos 23:4)

*Ciertamente el bien y la misericordia me seguirán todos los días de mi vida, y en la casa de Jehová moraré por largos días.*
(Salmos 23:6)

*Bienaventurados de aquí en adelante los muertos que mueren en el Señor. Sí, dice el Espíritu, descansarán de sus trabajos, porque sus obras con ellos siguen.* (Apocalipsis 14:13)

*Bendito el Dios y Padre de nuestro Señor Jesucristo, que según su grande misericordia nos hizo renacer para una esperanza viva, por la resurrección de Jesucristo de los muertos.* (1 Pedro 1:3)

*He peleado la buena batalla, he acabado la carrera, he guardado la fe. Por lo demás, me está guardada la corona de justicia, la cual me dará el Señor, juez justo, en aquel día; y no sólo a mí, sino también a todos los que aman su venida.* (2 Timoteo 4:7-8)

## Promesas de Dios para nuestra vida eterna

*Porque de tal manera amó Dios al mundo, que ha dado a su Hijo unigénito, para que todo aquel que en él cree, no se pierda, mas tenga vida eterna.* (Juan 3:16)

*No se turbe vuestro corazón; creéis en Dios, creed también en mí. En la casa de mi Padre muchas moradas hay; si así no fuera, yo os lo hubiera dicho; voy, pues, a preparar lugar para vosotros. Y si me fuere y os preparare lugar, vendré otra vez, y os tomaré a mí mismo, para que donde yo estoy, vosotros también estéis.* (Juan 14:1-3)

*Le dijo Jesús: Yo soy la resurrección y la vida; el que cree en mí, aunque esté muerto, vivirá. Y todo aquel que vive y cree en mí, no morirá eternamente. ¿Crees esto?* (Juan 11:25-26)

# Oración familiar interactiva

## Opción A: Lee la historia de la crucifixión de Jesús

Lean como familia la historia de la muerte y resurrección de Jesús en la Biblia o en un libro de historias de la Biblia (ver Mateo 27-28; Marcos 15-16; Lucas 23-24; Juan 19-20). Mateo 28:1-6 hace un relato estupendo de su resurrección milagrosa, que pueden leer juntos:

*Pasado el día de reposo, al amanecer del primer día de la semana, vinieron María Magdalena y la otra María, a ver el sepulcro. Y hubo un gran terremoto; porque un ángel del Señor, descendiendo del cielo y llegando, removió la piedra, y se sentó sobre ella. Su aspecto era como un relámpago, y su vestido blanco como la nieve. Y de miedo de él los guardas temblaron y se quedaron como muertos. Mas el ángel, respondiendo, dijo a las mujeres: No temáis vosotras; porque yo sé que buscáis a Jesús, el que fue crucificado. No está aquí, pues ha resucitado, como dijo. Venid, ved el lugar donde fue puesto el Señor.*

Tomen turnos para leer. Después de hablar de Jesús cuando resucitó y ascendió al cielo, lean brevemente el pasaje sobre el regreso de Jesús: *"Porque el Hijo del Hombre vendrá en la gloria de su Padre con sus ángeles, y entonces pagará a cada uno conforme a sus obras"* (Mateo 16:27).

Hablen sobre su creencia en Jesús, y por qué se sienten así. Describe que lo único que hay que hacer es decirle a Jesús que creemos en Él, en su vida, muerte, resurrección, y la salvación que viene de Él. Podemos confiar en que Él vino para perdonar nuestros pecados, y que regresará algún día. Entonces, pídanle que entre en sus corazones para siempre.

## Opción B: Llena una cesta

Hagan un viaje a un supermercado de productos orgánicos, y pide a cada miembro de la familia que elija uno o dos productos para llenar una cesta para bendecir a alguien que esté enfermo. Envuelvan con plástico la cesta, e incluyan un sobre de notas de oración de cada miembro de la familia, diciendo que esperan que se mejore pronto, y que están orando por esa persona.

## Opción C: Enciende una vela

Cuando alguien a quien quieres esté muy enfermo o haya fallecido, pasa momentos de quietud y ternura como familia, encendiendo una vela por esa persona y orando por ella, por su familia inmediata, y también por otros de sus familiares.

## Actividad de oración comunitaria

Trabaja con tu grupo pequeño o grupo comunitario para realizar una vigilia de oración trimestral por los enfermos, en una fecha y momento específicos. Haz esta actividad en una ubicación centrada en la iglesia, como un santuario o capilla. Abre esta actividad a cualquiera en tu grupo o tu iglesia, que necesite oración especial por enfermedades y preocupaciones. Alienta a los miembros del grupo a invitar a sus familias y otros familiares. Incluso podrías tener durante la noche periodos de cinco a diez minutos en los que las personas se anoten para hacer oraciones dedicadas. Ofrece a cada asistente una hoja de oración o folleto que puedan llevarse a casa. Concluye la noche con una sencilla oración, y una música suave de adoración.

# ORACIÓN ACERCA DE SERVIR A DIOS

## Minuto familiar

Amado Dios, tú eres el mapa para nuestro futuro. Aliéntanos a servirte a ti y a los demás mientras deseamos tu perfecta voluntad. Que nuestras metas estén fundadas en tu asombrosa sabiduría y tus objetivos. Que obedezcamos tus mandamientos mientras buscamos una vida abundante y seguimos el camino que tenemos por delante. ¡Gracias, Jesús! Oramos y confiamos en tu santo y precioso nombre. Amén.

*El corazón del hombre piensa su camino; Mas Jehová endereza sus pasos.* (Proverbios 16:9)

### Historia real de Teresa

Todos tenemos metas en la vida, planes para el futuro: nuestro trabajo, esperanzas y sueños. Cuando era niña, mi sueño era llegar a ser reportera de periódico. Me imaginaba a mí misma como corresponsal para el *Dallas Morning News*, cada día escribiendo columnas y las últimas noticias. Incluso pensé en ser reportera deportiva después de cubrir los deportes en la secundaria y la universidad.

En el mundo real, sin embargo, entendí que eso no iba a suceder con tanta facilidad como yo pensaba. Tres reporteros distintos de periódicos locales me dijeron lo difícil que era comenzar en la industria. Si yo quería escribir para un periódico importante, me dijeron, tenía que ir subiendo desde abajo, desde los anuncios. Recuerdo pensar: *Necesito que me ayude un Poder superior.* En cambio, comencé una carrera en publicidad y mercadeo, pero seguía con el deseo de ser escritora. Con frecuencia aprovechaba toda oportunidad que me llegaba de crear reportajes, para mantener mis habilidades de investigación y redacción.

A medida que pasó el tiempo, entendí que cuando oramos por aquello que deseamos, con frecuencia Dios bendecirá nuestros planes. Hubo algunas desviaciones bienvenidas en mi carrera, como la adopción de nuestro hijo y nuestra hija, y poco después Dios plantó en mi corazón la idea de un ministerio de adopción. Comenzamos a realizar esfuerzos de apoyo de adopciones y acogida de niños para ayudar a otras familias; entonces, me sentí más inspirada que nunca a escribir libros como modo de vida. Sabía que tenía mucho material.

Ahora está claro que cuando ponemos nuestro corazón en ello, y es la voluntad de Dios, el Señor establece cada paso del camino. Puede que yo no haya llegado a conseguir el trabajo que soñaba como reportera de periódicos, pero Dios me condujo a una ocupación y un llamado que me emocionan mucho más. ¡Gracias a Dios por su plan que determina quiénes somos en Jesús!

## Preguntas e ideas

1. ¿Tienes metas, esperanzas o sueños para el futuro? Quizá quieras ser reportero, maestro, arquitecto, misionero, predicador, artista, médico, ¡o astronauta!

*Cualquier cosa que desees puedes acercarla a la realidad mediante la oración. En el mundo real tenemos que trabajar duro para obtener nuestras metas, y con frecuencia necesitamos un Poder superior que nos ayude. De hecho, siempre es importante que nuestros planes estén alineados con los de Dios.*

2. ¿Tienes una esperanza o una intención para tu vida?

*Cuando oramos por lo que deseamos, Dios bendecirá y se ocupará de nuestras metas mediante su sabiduría, cuidado y amor.*

3. ¿Sientes pasión en tu corazón por algo? ¿Sientes un deseo de pedir la ayuda de Dios con tu camino hacia el éxito?

4. ¿Estás listo para orar por lo que deseas?

*No olvides seguir a Dios en oración porque Él puede asegurar tu victoria, a la vez que compartes su gloria con el mundo.*

## Una oración sencilla acerca de servir a Dios

Amado Padre celestial:

¡Te alabamos, Señor Jesús! Oramos que podamos servirte bien. Oramos para que podamos guiar a otros a ti. Por favor, perdona nuestros errores, y guárdanos en tu luz, fortaleza y gracia. Ayúdanos a tener valentía como familia para ayudar a otros a entender tu salvación. Llénanos de tu Espíritu, paz y amor y, sobre todo, danos la capacidad de servirte mejor como seguidores de Jesucristo. Que seamos fieles a ti todos los días de nuestra vida. Oramos en el santo nombre de Jesús. Amén.

## Una oración sencilla acerca de servir a otros

Amado Padre celestial:

Gracias por darnos la oportunidad de servirte, Dios santo. Gracias por la oportunidad de servir a otros. Esperamos que al servir podamos enseñar a otros sobre ti. Por favor, capacítanos para ser más como tú: llenos de misericordia, sin lamentos ni quejas, respetuosos y amables. Que tu Espíritu Santo brille por medio de nosotros cada día. Ayúdanos a ayudar a otros que tengan necesidad, como lo hizo el buen samaritano hace tanto tiempo. Ayúdanos a ser como Jesús para quienes están sufriendo o necesitan que les echen una mano. Oramos para que tú los guíes a acercarse a ti por medio de tu amor. Oramos en el nombre de Jesús. Amén.

## Versículos acerca de servir al Señor, y los unos a los otros

(Lean juntos; piensen en memorizar uno de ellos.)

*Entonces dirá el hombre: Ciertamente hay galardón para el justo; ciertamente hay Dios que juzga en la tierra.* (Salmos 58:11)

*Si alguno me sirve, sígame; y donde yo estuviere, allí también estará mi servidor. Si alguno me sirviere, mi Padre le honrará.*
(Juan 12:26)

*Mas a Jehová vuestro Dios serviréis, y él bendecirá tu pan y tus aguas; y yo quitaré toda enfermedad de en medio de ti.*
(Éxodo 23:25)

*No me elegisteis vosotros a mí, sino que yo os elegí a vosotros, y os he puesto para que vayáis y llevéis fruto, y vuestro fruto permanezca; para que todo lo que pidiereis al Padre en mi nombre, él os lo dé.*
(Juan 15:16)

*Dichoso aquel a quien tú, Señor, corriges; aquel a quien instruyes en tu ley.* (Salmos 94:12 NVI)

*Sobrellevad los unos las cargas de los otros, y cumplid así la ley de Cristo.* (Gálatas 6:2)

*Ninguno busque su propio bien, sino el del otro.*
(1 Corintios 10:24)

*Nada hagáis por contienda o por vanagloria; antes bien con humildad, estimando cada uno a los demás como superiores a él mismo; no mirando cada uno por lo suyo propio, sino cada cual también por lo de los otros.* (Filipenses 2:3-4)

## Promesas de Dios para nuestro servicio

*Porque sol y escudo es Jehová Dios; gracia y gloria dará Jehová. No quitará el bien a los que andan en integridad.* (Salmos 84:11)

*Gozaos y alegraos, porque vuestro galardón es grande en los cielos; porque así persiguieron a los profetas que fueron antes de vosotros.* (Mateo 5:12)

*Temed a Jehová, vosotros sus santos, pues nada falta a los que le temen. Los leoncillos necesitan, y tienen hambre; pero los que buscan a Jehová no tendrán falta de ningún bien.* (Salmos 34:9-10)

*Mas buscad primeramente el reino de Dios y su justicia, y todas estas cosas os serán añadidas.* (Mateo 6:33)

*Mi Dios, pues, suplirá todo lo que os falta conforme a sus riquezas en gloria en Cristo Jesús.* (Filipenses 4:19)

*Dios... nos da todas las cosas en abundancia para que las disfrutemos.* (1 Timoteo 6:17)

 ## Oración familiar interactiva

### Opción A: Crea un poema familiar

Haz que cada miembro de la familia escriba un poema de oración usando cualquiera o todas las palabras siguientes. Puedes usar también otros términos; sin embargo, tienes que usar en tu poema al menos cinco de las palabras enumeradas a continuación:

> Dios paz fe servir hogar esperanza futuro bendiciones donde tiempo lluvia año misión ayudar otros alabanza Jesús nacido de nuevo intentar equipo amigo familia amor unidad vagar alcance enviar paloma temor cerca rayo por qué corazón renovar orar dolor hermanos cuidado hermanas sabio Cristo premio paz soportar hacer ir moverse estar de acuerdo creer ver entender encontrar confiar

Después, pide a cada persona que lea su poema en voz alta. Si alguien se siente incómodo con compartir, entonces ofrécete a leerlo tú. Puedes decidir que quieres guardar los poemas en un libro de recuerdos familiares para disfrutarlo más adelante (incluso puedes hacer esta actividad una vez al año o más, y cambiar las palabras según las edades de los participantes).

## Opción B: Spa en casa

A veces, servir a otros significa ensuciarnos las manos, ¡o mojárnoslas! Jesús se arrodilló para lavar los pies de sus discípulos, una tarea que normalmente se dejaba a los más bajos de los sirvientes bajos. Sin embargo, ahí estaba Jesús, el Maestro, sirviendo a sus discípulos de manera tangible y hermosa. ¡Practica esto en tu propia familia con un espíritu de servicio! Utiliza un spa o baño eléctrico para pies, o crea el tuyo propio en una bañera. Añade agua tibia y sal y, uno a uno, ofrece a cada persona en la familia de cinco a diez minutos en el "spa", y después utiliza toallas calientes para secar sus pies. Si tienes hijas, ¡esta es una oportunidad estupenda para una pedicura! A continuación, utiliza una loción relajante de lavanda o sándalo y masajea sus pies. Después, dales unas zapatillas calentitas para mantener sus pies calientes, limpios y cómodos. Mientras lavas sus pies, recuérdales cómo lavó Jesús los pies de sus discípulos en Juan 13:3-10, 14-17 (NVI):

*Sabía Jesús que el Padre había puesto todas las cosas bajo su dominio, y que había salido de Dios y a él volvía; así que se levantó de la mesa, se quitó el manto y se ató una toalla a la cintura. Luego echó agua en un recipiente y comenzó a lavarles los pies a sus discípulos y a secárselos con la toalla que llevaba a la cintura. Cuando llegó a Simón Pedro, este le dijo:*

*—¿Y tú, Señor, me vas a lavar los pies a mí?*

*—Ahora no entiendes lo que estoy haciendo —le respondió Jesús—, pero lo entenderás más tarde.*

*—¡No! —protestó Pedro—. ¡Jamás me lavarás los pies!*

*—Si no te los lavo, no tendrás parte conmigo.*

—*Entonces, Señor, ¡no solo los pies, sino también las manos y la cabeza!*

—*El que ya se ha bañado no necesita lavarse más que los pies —le contestó Jesús—; pues ya todo su cuerpo está limpio... Pues, si yo, el Señor y el Maestro, les he lavado los pies, también ustedes deben lavarse los pies los unos a los otros. Les he puesto el ejemplo, para que hagan lo mismo que yo he hecho con ustedes. Ciertamente les aseguro que ningún siervo es más que su amo, y ningún mensajero es más que el que lo envió. ¿Entienden esto? Dichosos serán si lo ponen en práctica.*

## Opción C: Capitán, mi Capitán

Hablen de cinco razones por las cuales Dios es el Líder o Capitán de tu vida y tu familia, como: "estamos tan perdidos como ovejas sin Él", o "solamente Él nos guía en verdad". Dale gracias a Él en oración por esas cosas, y pide a Dios que te muestre cómo ser un mejor seguidor de Jesucristo. Si es posible, conecta esto con salir de verdad del agua en una barca con tu familia. Podrías rentar una barca, ir en canoa o en kayak en un lago local. Como alternativa, podrían visitar un museo que muestre barcos, posiblemente incluso ofreciendo la oportunidad de hacer un recorrido por el barco. Finalmente, si tus hijos son muy pequeños, puedes hacer flotar barcas de plástico en una piscina infantil o en la bañera, con un juguete de plástico como "capitán". Después de la actividad, toma tiempo para dar gracias al Capitán del mundo por dirigir nuestras vidas.

 ## Actividad de oración comunitaria

En un espíritu de servicio, adopta una organización local sin fines de lucro para un proyecto voluntario. Considera hogares para niños o familias de acogida en el área, que podrían necesitar ayuda produciendo estuches de cuidado personal para sus niños. Decide una lista de productos necesarios, y pide a cada miembro del grupo que los reúna para preparar al menos de dos a tres estuches. Reúnanse para finalizar los estuches, y entréguenlos a una organización de acogida local, o a un representante de un hogar para niños. Oren por cada estuche que generen para los niños: para que los bendiga y que Dios aliente a cada niño con una visión del plan que Él tiene para el futuro. Escriban este versículo en una tarjeta para los receptores: *"Porque yo sé muy bien los planes que tengo para ustedes —afirma el Señor—, planes de bienestar y no de calamidad, a fin de darles un futuro y una esperanza"* (Jeremías 29:11 NVI).

# 100 IDEAS SENCILLAS MÁS PARA LA ORACIÓN FAMILIAR O DE GRUPO

¡Felicidades!. Has completado los diez devocionales enfocados, y has comenzado un hábito valioso para tu familia y para ti. Para continuar con tu nuevo hábito, he reunido 100 ideas sencillas más para la oración familiar o de grupo.

El propósito de estas 100 actividades de oración es encontrar maneras de reconocer a Dios en todos los aspectos de tu vida familiar, no solo durante los devocionales familiares tradicionales, sino también en cada minuto, cada actividad y cada pensamiento de cada día. ¡Deja que la oración invada tu vida cotidiana! Algunas de estas actividades son maneras de avivar tu tiempo de oración familiar; otras son ideas para los fines de semana; y otras son actividades de participación pasiva que pueden mantenerse durante días o semanas. No todas estas ideas encajarán en el carácter o el estilo de vida de tu familia, ¡pero está bien! Encuentra una que encaje, ¡y corre con ella! Las 100 actividades están ligeramente organizadas por niveles apropiados para la edad, comenzando con las edades más jóvenes.

## 1. Oraciones de aplausos

Comiencen el tiempo de oración con diez aplausos con las manos al unísono o con un ritmo especial. Siempre que alguien quiera orar, tiene que dar tres aplausos, y entonces puede orar, ya sea en voz alta o en silencio. Cuando haya terminado, todos los demás tendrán la oportunidad de dar tres aplausos para orar.

## 2. Oraciones en la parada de autobús

Ve a tu parada local de autobús, y ora por quienes están viajando de un lugar a otro.

## 3. Oraciones en las señales de "PARE"

Muchos de nosotros pasamos horas cada semana en un auto, con frecuencia con los niños. Incorpora la oración a esos momentos jugando a un juego de orar, en voz alta e incluso al mismo tiempo, cada vez que se detengan en una señal de "PARE". (Quien conduce deben mantener los ojos abiertos, desde luego.)

## 4. Acampar y orar

Vayan a un área de acampar, o crea una en la sala, y pasen tiempo en oración enfocada a Dios. Después, compartan en una fogata de golosinas.

## 5. Oraciones durante meriendas

Tomen un descanso en medio del día tan ajetreado. Pide a cada uno que escoja su merienda favorita, siéntense juntos a la mesa o en la sala, y participen en sencillas oraciones de aliento.

## 6. Cuentos y oraciones a la hora de acostarse

Lee un cuento escogido por tu hijo. Después, hablen sobre el propósito de la historia, y lo que aprendieron de ella (nos encanta leer una historia bíblica diferente cada noche). Haz una oración por tu hijo para que sea tocado por la lección del libro, y la lleve siempre con él o ella. Pregunta al niño si hay algo en su mente, y ora también por eso.

## 7. Soltar un globo de oración

Compra o infla globos de helio. Escribe tus peticiones de oración en ellos con un marcador permanente, y después suéltalos para que suban hacia Dios con la fe plena de recibir respuestas (espera a que se eleven y exploten, y observa dónde han caído los pedazos, para recogerlos).

## 8. Oraciones en el bosque

Hagan un viaje por un bosque. Busca parques locales y senderos por la naturaleza, ya sea un parque nacional, un hábitat natural local, o un camino al lado de un lago o un río. Mientras exploran, regocíjense en las preciosas vistas al aire libre de Dios: las aves, árboles, flores, lagos y ríos. Pueden poner fotografías en Instagram de la belleza de la naturaleza o de su familia celebrando, y añadir un versículo y una oración para compartir su amor por el Señor. Antes de irse, oren para que tu familia entienda la belleza que Dios ha creado. A menos que vaya en contra de las pautas para esa zona, lleven a casa recuerdos, como un puñado de hierba para poner en un jarrón en su casa, o piedras brillantes para ponerlas en un recipiente sobre la mesa.

## 9. Oraciones de fogata

Hagan una fogata con madera ardiendo, y rosticen malvaviscos. Pide a cada miembro de la familia que lleve un pequeño pedazo de papel con una petición de oración escrita. Los padres pueden situar con cuidado esas peticiones en el fuego, una por una, y mientras se queman, recuerden que ese humo es un símbolo de nuestras oraciones que suben hasta el cielo, que se han hecho con la confianza en que Dios se ocupará de todo.

## 10. Oraciones en la heladería

Pide a los miembros de tu familia y amigos que se reúnan en una heladería para tomar algo, y tengan un tiempo dedicado a la oración. Esto cambia el tiempo de oración, de modo que no se vuelve monótono para los niños.

## 11. Oraciones origami

Escribe tu petición de oración con un marcador o crayón en un pedazo de papel colorido. Después dobla el papel siguiendo un patrón de origami, ¡o como un avión o cualquier otra cosa que venga a tu mente! Para encontrar instrucciones fáciles de origami, visita www.origami-instructions.com/simple-origami. Después, pon tus creaciones en el lugar práctico donde puedan utilizarse como ayudas visuales para recordar a los niños cierta petición de oración.

## 12. Oraciones de linterna

Reúnanse en una habitación iluminada con velas, y con linternas para cada miembro de la familia. Si alguien quiere orar, enciende la linterna y la apaga, hace su oración, y después elige a otra persona que pueda orar.

## 13. Haz saltar tu oración

Consigue una cuerda infantil para saltar, y utiliza el tiempo de ejercicios como familia para tomar turnos saltando a la cuerda y orando al menos por un área, cada uno como familia. Quien salta, ora. Después, la persona siguiente pasa a saltar, y así sucesivamente. Es una manera estupenda de recordar a tus hijos que Dios escucha nuestras palabras sin importar lo que estemos haciendo; Él escucha cuando estamos sentados tranquilamente con la cabeza inclinada y las manos juntas, pero también cuando estamos saltando, riendo, ¡y tonteando!

## 14. Oraciones enfocadas en agricultores

Ora por un agricultor local, para que tenga una buena cosecha. Si el tiempo lo permite, asiste a un mercado agrícola local, y compra una verdura o fruta para comer que tu familia no haya probado antes. Desafía a todos a probarla, y alégrense en la abundante creación del Señor.

## 15. Oraciones con tiempo medido

Lleva una campanilla o un timbre a la sesión de oración de tu familia o grupo. Cada persona tiene un minuto para orar por lo que haya en su corazón. Después, el líder hace sonar la campanilla o el timbre, y la oración pasa hacia la siguiente persona.

## 16. Oraciones con lanzamientos

Consigue una pelota grande, y utiliza un marcador permanente para escribir temas de oración por toda la pelota, como alabanza, familia, tiempo, paz, iglesia, escuela o amigos. Después, ¡jueguen a lanzarse la pelota! Quien agarre la pelota tiene que gritar una oración de una frase sobre el tema que toque su mano derecha, y después lanza la pelota a quien quiera.

### 17. Oraciones de mensaje en una botella

Con sencillas tiras de papel delgadas, escribe tus oraciones y versículos favoritos. Después, métalos en un recipiente biodegradable, ya sea un barco de papel o una caja de cartón, y haz que flote por un arroyo o un río. O guárdalos en un lugar familiar para sacarlos en el futuro, y ver cómo ha respondido Dios esas oraciones.

### 18. Haz un pisapapeles de oración

Encuentra una piedra del tamaño de una manzana o toronja. Lávala, púlela y decórala. Escribe en ella el nombre de tu familia, seguido por "piedra de oración". Entonces, pon debajo de ella peticiones de oración como si fuera un tipo de pisapapeles de oración personal. A medida que se van sacando las oraciones, puedes ver el peso literalmente levantado hacia Dios. ¡Gracias, Jesús!

### 19. Oraciones en un sombrero

Haz que durante una semana, todos escriban peticiones de oración en una tira de papel, y métalas en un sombrero que esté en el centro de una mesa principal de tu casa. En un momento dado durante la semana, todos se reúnen y oran por esas peticiones, vaciando el sombrero ante el Dios que los creó.

### 20. Caminata de oración por el vecindario

Aunque en estos tiempos es normal que los vecinos se queden en sus casas, es importante salir en oración para bendecir a nuestros vecinos. Reúne a todos para dar una caminata por su vecindario, orando por cada casa. Oren por unidad, por paz, por seguridad, porque haya un interés o crecimiento en la comprensión del evangelio, y por la oportunidad de relacionarse con los individuos que están dentro de sus casas.

## 21. Haz pañuelos de oración

Ve a una tienda local de manualidades, y compra algunos pañuelos sin color, blancos o de colores suaves. Dibuja un diseño, como una cruz, o escribe un versículo sobre el pañuelo, con un marcador para telas. Pide a tu pastor que unja con aceite los pañuelos. Ora por los pañuelos, y envíalos a quienes necesiten un apoyo extra en oración.

## 22. Oraciones en círculo de amor

Reúne a la familia en círculo, y describe una cosa que ames sobre los demás. Entonces, oren los unos por los otros y pidan al Señor que los dones espirituales de cada miembro de la familia se manifiesten para los propósitos de Dios.

## 23. Canción lema de la familia

Durante el tiempo de oración familiar, haz que cada uno escriba cuál es su canción favorita de oración. Entonces, hagan una votación (a nadie se le permite votar por sí mismo), y la canción que "gane" se convierte en la canción lema de la familia para la semana, el mes, ¡o el año! Haz que cada uno ore para que Dios toque sus vidas cada vez que canten o escuchen esa canción.

## 24. Oración mirando las estrellas

Una de nuestras actividades favoritas familiares es mirar las estrellas. Agarra una manta y salgan fuera cuando el cielo esté oscuro y lleno de asombrosas estrellas que brillen con fuerza. Acuéstense en el suelo, miren lo que Dios ha creado en el universo, y oren por las asombrosas maneras que Dios tiene de obrar en sus vidas y a través de ellas.

## 25. Noche de Biblia

Pide a cada miembro de la familia que lleve una Biblia, lea su versículo favorito, y explique por qué es importante para él o ella. Oren antes y después de compartir los versículos favoritos.

## 26. Reunión de oración intensa

No, no con agua, ¡sino con oración! Programen un tiempo específico (quizá después de la cena) para tener un tiempo de oración intensa de treinta minutos por un miembro de la familia: un tiempo de oración dedicada para orar por sus preocupaciones y los deseos de su corazón mientras entra en la presencia de Dios, permitiendo que su amor brille mediante sus oraciones de amor puro y fe.

## 27. Oraciones en la biblioteca

Si visitan regularmente su biblioteca local, oren por ella. Después, reúnan unas tarjetas y escriban notas de gratitud a los bibliotecarios, expresando agradecimiento por su ayuda, sus recursos y su interés. Entreguen esas notas a los bibliotecarios que están detrás del mostrador.

## 28. Oraciones en reuniones de manualidades

Vayan a una reunión local de manualidades, y lleguen a conocer a sus miembros mientras disfrutan del tiempo haciendo trabajos manuales. Cuando regresen a casa, oren por los nombres de las personas que conocieron. Si es adecuado, pregunten cuáles son sus peticiones de oración, y ofrézcanse a orar por ellas.

## 29. Oraciones con Skittles

Usa *Skittles* para enfocar tus oraciones familiares. Pasa un plato de *Skittles* durante tu reunión regular de oración. Cada persona agarra un puñado, ¡pero a nadie se le permite comerlos aún! Primero, explica que los colores de los caramelos representan las características del fruto del Espíritu y el amor de Cristo.

> *Mas el fruto del Espíritu es amor, gozo, paz, paciencia, benignidad, bondad, fe, mansedumbre, templanza; contra tales cosas no hay ley. Pero los que son de Cristo han crucificado la carne con sus pasiones y deseos.*                    (Gálatas 5:22-24)

*Skittles* rojos: el amor y el gozo de Jesús que Él nos dio mediante el derramamiento de su sangre en la cruz.

*Skittles* verdes: paz y paciencia, como descansar en verdes pastos.

*Skittles* naranjas: bondad, como una cálida fogata color naranja que nos calienta a nosotros y a los demás.

*Skittles* amarillos: mansedumbre y fidelidad, como el sol que es bueno y sale fielmente cada día.

*Skittles* púrpura: amabilidad y dominio propio, como una reina o rey bueno sobre el trono.

Toma un *Skittle*, di el fruto del Espíritu que representa, ¡y después todos pueden comerse ese color! Ora para que la familia obtenga el fruto del Espíritu representado. Observa que no todos tienen la misma cantidad de cada color. Esto demuestra que algunos de los frutos del Espíritu nos salen de manera más natural, pero otros son más difíciles. Sin embargo, somos llamados a tener cada uno de ellos. Después, pasa a otros colores y frutos del Espíritu.

## 30. La escuela y la Escritura

Durante el tiempo de oración familiar, enfócate en 1 Juan 3:1 para tus hijos. Lean y aprendan juntos este versículo: *"¡Fíjense qué gran amor nos ha dado el Padre, que se nos llame hijos de Dios! ¡Y lo somos!"* (NVI). Pasen de 10 a 15 minutos con los estudiantes en su familia escribiendo tarjetas de gratitud o mensajes de correo electrónico de gratitud para sus maestros especiales. Oren 1 Juan 3:14-15 sobre tener un buen corazón hacia nuestros amigos, maestros y otros estudiantes en la escuela, para que así podamos ser mejores hermanos y hermanas en Cristo. Oren para que las almas perdidas sean salvas. Recuerda a tus hijos la importancia de alentar a quienes están en autoridad.

## 31. Oraciones para edificar los ingresos

Si das a tus hijos una mesada, considera decirles que diezmen el diez por ciento a la iglesia, como hábito para los años posteriores, recordándoles el mensaje de Malaquías 3:10-11. Cuando les repartas su mesada, ya sea una vez por semana o una única ocasión, ora por éxito en sus carreras, el aumento de los ingresos, tu diezmo para Cristo y su iglesia, y la educación y las futuras carreras de tus hijos.

## 32. Noche familiar de lectura

Pide a cada miembro de la familia que escoja su historia favorita, artículo de revista o devocional, y lo lleve a la sala para tener una noche familiar de lectura. Ora antes y después del tiempo de lectura.

## 33. Sábado de limpieza por una causa

Escoge una causa, y busca objetos de tu casa que puedas donar a esa causa, como ropa de segunda mano al Ejército de Salvación o Goodwill, libros para albergues de hombres o mujeres, o alimentos enlatados para el comedor social local. Después de haber apilado todo en el vehículo, toma un momento para hacer una rápida oración para que esos objetos sean una bendición para personas que tienen necesidad.

## 34. Domingo de versículo

Separa un tiempo semanal de memorización de la Escritura de cinco a diez minutos, y memoricen el mismo versículo de la Escritura como familia (ver el capítulo 13 para obtener algunas grandes ideas). Después, oren ese versículo por las personas a las que quieren.

## 35. Noche del líder eclesial

Invita a cenar una noche a un pastor o miembro del equipo de la iglesia. Pregunta sobre cuáles son sus tareas; quizá incluso puedes "asignar" preguntas a cada niño, como: "¿Cuál es su parte favorita del trabajo?", "¿Cómo llegó a su trabajo actual?", "¿Cuáles son las partes difíciles de su trabajo?", "¿Cómo podemos apoyarlo en oración?". Pasen un tiempo después orando por las necesidades específicas.

## 36. Siervos en el supermercado

En la siguiente visita que hagas al supermercado, permite pasar delante de ti en la fila a alguien que puede que tenga prisa, o tenga menos productos que tú. Después, en casa, hagan una oración como familia por ese individuo. Recuerda a tus hijos que no hay ningún "encuentro casual" con desconocidos, sino que más bien Dios pone a cada desconocido y a cada persona en nuestras vidas con un propósito: ¡para que podamos mostrarles su amor!

## 37. Muro de oración

Compra en tu papelería local una cartulina colorida, y sitúala en una zona común de tu casa. A su lado, deja marcadores, crayones o pinturas de colores para que la familia pueda dibujar o poner fotografías de sus necesidades de oración, pensamientos que tienen en la mente, o cosas que les preocupan. También podría incluir fotos recortadas de una revista, artículos, fotografías de un periódico, citas inspiracionales, etcétera. Recuerda a todos que pueden escribir siempre que quieran. Sitúala en un lugar que se vea bien, como encima del fregadero de la cocina o en el cuarto de baño. Al final de la semana, siéntense, repasen la cartulina, pide más explicaciones de peticiones si es necesario, y oren por cada punto.

## 38. Poesía o rap de oración

Siéntense unos momentos juntos como familia mientras uno de los miembros escribe un poema de oración espontáneamente, o se las arregla para crear un rap. Una persona dice una línea, después la persona siguiente dice otra línea que rime con ella, y así sucesivamente hasta que tengan un poema familiar completo o un rap de oración. Escribe cada línea en un papel, o grábala mientras se dicen las palabras en voz alta. Al final, lean o pongan el poema para que todos lo escuchen. Muestra a todos cuán creativos pueden ser como equipo en Cristo.

## 39. Oración por los gobiernos locales, estatales y federales

Reúnanse para orar por paz en sus comunidades, regiones y país. Contacten a un representante del gobierno local, senador o alcalde, y háganles saber que están orando por ellos.

## 40. Recordatorios visuales de oración

Crea corazones o cruces con papel de construcción u otros materiales que tengas en la casa. Escribe en ellos las necesidades de oración que hay en el corazón de tu familia. Entonces, sitúalos en lugares poco comunes como el cuarto de baño o la lavandería, para que te recuerden orar regularmente. Piensa en añadir frases como: "Tu Palabra es más dulce que la miel" y "Eres la sal del mundo" en la cocina; "No solo te mires al espejo y te vayas, sino sé hacedor de la Palabra" en el espejo del baño; y así sucesivamente.

## 41. Crea una jarra de gratitud

Encuentra una jarra de tamaño grande o mediano (puedes reciclar una de tu cocina), y ponla en una zona común cerca de un montón de papeles y algunas plumas. Cada día, haz que sea una meta escribir algo por lo que estén agradecidos, ya sea algo transformador como "salvación", o sencillo como "mantequilla de cacahuate". Si se aproxima un día feriado, puedes utilizar papel de color naranja, rojo y marrón, e incluso pegar hojas caídas de árboles o añadir un versículo sobre gratitud a la etiqueta de la jarra. En algún momento pueden reunirse, leer los papeles, ¡e intentar adivinar quién escribió qué!

## 42. Oración en el parque

Toma nota de la hora en que se pone el sol. Haz un viaje para visitar un parque en la tarde y ver la puesta del sol, o al menos las sombras cada vez mayores. Lleva té helado, jugo o limonada, fruta, galletas saladas y queso, y pequeños sándwiches o meriendas para todos, como picnic divertido. Toma unos momentos para dar gracias a Dios por su hermosa creación. A medida que vaya bajando el sol, oren por áreas de su vida y preocupaciones como familia que están soltando hacia Dios. Cuando se haya puesto el sol, den gracias a Dios por todo lo que Él puede hacer en la vida de su familia. O levántense temprano, veinte minutos antes del amanecer, y tengan un tiempo de oración familiar enfocado mientras sale el sol. ¡Qué hermosa experiencia para todos ser testigos, y recordar juntos la poderosa majestad de Dios!

## 43. Pastel y oración

Todos pueden elegir un capricho en la pastelería, o pueden hornear sus propios pasteles. Después, tengan un tiempo de postre, café o té para los padres y jugo para los niños. Hablen de sus peticiones de oración, cómo les ha bendecido Dios, y cómo esperan darle gloria a Él como familia.

## 44. Noche de dones y talentos

En la mesa o la habitación haz que cada miembro de la familia diga uno de sus pasatiempos favoritos. Oren para que los pasatiempos de su familia glorifiquen a Dios. Oren por maneras en que Dios puede obrar por medio de ustedes y de sus pasatiempos para magnificarlo a Él. Oren con este versículo, y pidan a Dios que les bendiga con dones y talentos especiales en su familia y en sus vidas: *"Cada uno según el don que ha recibido, minístrelo a los otros, como buenos administradores de la multiforme gracia de Dios. Si alguno habla, hable conforme a las palabras de Dios; si alguno ministra, ministre conforme al poder que Dios da, para que en todo sea Dios glorificado por Jesucristo, a quien pertenecen la gloria y el imperio por los siglos de los siglos. Amén"* (1 Pedro 4:10-11).

## 45. Escribe tu visión

Imprime o manda por correo electrónico a los miembros de tu familia Habacuc 2:2-3: *"Y Jehová me respondió, y dijo: Escribe la visión, y decláralá en tablas, para que corra el que leyere en ella. Aunque la visión tardará aún por un tiempo, mas se apresura hacia el fin, y no mentirá; aunque tardare, espéralo, porque sin duda vendrá, no tardará"*. Pídeles que lo lean, y tomen unos días para escribir sus metas personales y familiares que están orando para lograr. Después, reúnanse para leer la Escritura y compartir visiones e ideas sobre esta poderosa promesa de la Palabra de Dios.

## 46. Fiesta de oración apostólica en Twitter

Ejemplos como el de Pablo en Hechos nos recuerda la importancia crítica de orar juntos. Forma una "fiesta de oración en Twitter" en línea. En primer lugar, escribe sobre tu fiesta junto con la hora, fecha y los detalles. Escoge un *hashtag* para la fiesta e inclúyelo en sus *twits* privados. Pide a todos que lleven una alabanza y una oración al evento en línea. Entonces, ve a www.5minutesformom.com/twitterparty/ para saber más sobre crear, y dirigir la fiesta.

## 47. Oraciones en el estacionamiento de la iglesia

Conduce hasta la iglesia en un momento en que el estacionamiento estará prácticamente vacío, y ora por la iglesia. Ora por quienes no son salvos. Ora por quienes asisten regularmente e irregularmente a la iglesia. Ora por el personal y los pastores, para que Dios obre y hable por medio de ellos. Ora por quienes cuidan el césped, los voluntarios, los ministerios y los grupos de apoyo, que todos ellos sean exitosos en el servicio para el reino de Dios.

## 48. Organiza una noche de oración por viajes misioneros y recaudación de fondos

Organiza una noche de oración o de recaudación de fondos para un misionero local que se va en un viaje misionero. Haz que sea un formato de casa abierta, y ofrece aperitivos, postres, té, café y ponche. Pide a los asistentes que lleven un billete de cinco o diez dólares para ayudar a sostener la misión. Considera ofrecer un premio con un boleto de entrada, tener a un orador especial, una banda cristiana, una subasta, u otros incentivos para asistir al evento. Realiza un tiempo en oración enfocado por la misión, orando para que sea un éxito para la gloria de Dios.

## 49. No los dejaré huérfanos

Reúne objetos para huérfanos, ora para que cada objeto bendiga a los niños, y envíalos mediante una organización de rescate de huérfanos que tenga una buena reputación, como Show Hope o Buckner International. Considera enviar pañales a huérfanos por medio de showhope.org/restore-hope/care-centers/diapers-for-orphans o zapatos a quienes los necesitan por medio de  www.shoesfororphansouls.com/.

## 50. Adopta un hogar local para niños

Reúne objetos para hacer regalos de Navidad para niños, y escribe notas de oración para acompañar  tus regalos de amor. Visita en línea www.samaritanspurse.org/what-we-do/operation-christmas-child/ para saber cómo. Como alternativa, si conoces a alguna familia que tenga necesidad y que agradecería regalos para sus hijos, ¡piensa en reunir juntos regalos de Navidad, y entregarlos personalmente!

## 51. Bendiciones de la iglesia; oraciones más allá de las paredes

Pasa una noche entrando y saliendo de tu iglesia, orando por los miembros, los pastores, ancianos, diáconos, equipo de personal y asistentes por nombre, para que sean bendecidos y cubiertos fielmente por la sangre y el amor de Jesús en sus vidas cotidianas durante la semana.

## 52. Sube una oración

Creen juntos una oración para subirla a Facebook u otra red social. Pide a cada miembro que aporte al menos una línea al mensaje de oración, y termina con una invitación a que otros oren por causas específicas: huérfanos, veteranos, refugios para animales, y otros.

## 53. Oraciones de bendiciones individuales

A veces es difícil expresar fe cuando estás en un entorno público; ¡es mucho más fácil cuando estás seguro dentro de tu casa! Para crear el hábito de hablar de Dios dondequiera que estés, haz que tus hijos digan a alguien "Dios te bendiga" en público, en un viaje al supermercado o al cine. Aliéntalos diciendo que esa no es una oportunidad para ser extrovertidos, ni tampoco necesariamente para decirlo a todo el mundo en todo momento, pero puede ser una manera estupenda de reconocer sutilmente al Señor en una conversación cotidiana. Tu hijo podría abrirle la puerta a alguien, y si le dan las gracias, responder: "De nada; Dios le bendiga". O podría devolver a la fila el carrito de la compra de alguien, y responder con lo mismo si le dan las gracias.

## 54. Haz tus propias tarjetas de oración

Siéntate con tus hijos, y saca siete tarjetas de índice. En cada tarjeta, escribe un área de enfoque de oración en la parte superior, como adoración, confesión, acción de gracias, crecimiento espiritual, pruebas y tribulaciones, oración por los perdidos, oraciones de salvación, oraciones de protección familiar, u oraciones de rendición. Entonces, por cada tarjeta añade subtemas. Por ejemplo, bajo adoración podrías añadir: "la maravillosa creación de Dios". Bajo protección familiar podrías añadir:

"nuestros planes de vacaciones". Entonces, cuando se reúnan para el tiempo de oración, puedes repartir las tarjetas para que todo el mundo tenga una o dos por las que orar.

## 55. Confianza en el plan de Dios

Repasen como familia una lista de sus versículos favoritos relacionados específicamente con afrontar las pruebas de la vida. Haz que cada persona escoja al menos un versículo para escribirlo, orar, y ponerlo en una jarra en un espacio familiar. Después, la próxima vez que alguien esté bajo estrés, se sienta frustrado o esté afrontando un momento difícil, recuérdale que saque un versículo de la jarra. A continuación hay algunos que pueden buscar para empezar: Salmos 91; 1 Pedro 5:10; Santiago 1:12; 1 Corintios 10:13; y Juan 16:33.

## 56. Oraciones de bendición de Abraham

Dios tiene un plan para que la cabeza de cada casa se desarrolle y prospere como descendientes de Abraham. Ora por la cabeza de tu hogar, por provisión, por paz y por bendiciones, a medida que lidera las actividades cotidianas de tu familia. Considera orar esta bendición sobre el cabeza de la casa: *"Jehová te bendiga, y te guarde; Jehová haga resplandecer su rostro sobre ti, y tenga de ti misericordia; Jehová alce sobre ti su rostro, y ponga en ti paz"* (Números 6:24-26).

## 57. Oraciones de identidad en Cristo

Especialmente en torno al día de San Valentín, recopila como familia una lista de sus versículos favoritos que hablen explícitamente del amor de Dios por sus seguidores. Haz que cada persona aporte al menos un versículo sobre el cual orar, aporten a la sesión de oración, y recuerda a todos el gran amor de Dios. A continuación hay algunos versículos para buscar: Juan 3:16; Isaías 40:11; Salmos 100:3; Romanos 5:8; Efesios 2:4-5.

## 58. Oraciones en tiempos de quietud

Haz que cada miembro de la familia pase de treinta a cuarenta minutos a solas en su propio cuarto o en un entorno tranquilo, orando y adorando con todo su corazón. Recuerda Mateo 6:6: *"Pero tú, cuando te pongas a orar, entra en tu cuarto, cierra la puerta y ora a tu Padre, que está en lo secreto. Así tu Padre, que ve lo que se hace en secreto, te recompensará"* (NVI).

## 59. Oraciones guiadas por el Espíritu

Pasa momentos hablando sobre el Espíritu Santo: quién es Él, y lo que significa para tu familia. Lee lo que tiene que decir Romanos 8:11 y 8:26 sobre el Espíritu. Pide al Espíritu Santo que descienda y bendiga a tu familia con una sesión de oración guiada por el Espíritu.

## 60. Oraciones en el patio

Pasa una tarde en tu patio con tu familia. Organiza una barbacoa, y jueguen a algunos juegos. Después, formen un círculo en torno a una mesa de picnic y hagan una sencilla oración de gratitud por el buen tiempo, la buena comida, la alegría de la familia, y la diversión de estar juntos.

## 61. Oración de acción

¿Hay algo que hayas estado posponiendo hacer en tu vida como familia? ¿Quizá un proyecto de renovación en la casa, o incluso unas vacaciones soñadas? Inicia un plan de acción ahora. Forma pasos de acción específicos, pónganse de acuerdo en un plan de acción, y oren al respecto. Después, pónganse a trabajar para hacer que ese sueño se convierta en realidad, orando por la bendición de Dios con respecto a lograrlo.

## 62. Oraciones conversacionales

Pasa una noche en oración conversacional. Pónganse de acuerdo en oración y acción de gracias como familia en que estarán elevando ciertos pensamientos que haya en su mente con un estilo amoroso y conversacional hacia Dios, hablando con Él como su Padre. Intenten mantener los ojos abiertos, y dirigirse a Él como si estuviera sentado en el sofá: con reverencia, pero también con familiaridad. Abran sus corazones a un significado totalmente nuevo mientras oran mediante este asombroso método.

## 63. Oraciones direccionales

¿Tienen un tiempo como familia en el que hablan sobre planes y horarios para la semana, el mes o el año que hay por delante? Si es así, úsalo como una oportunidad para orar también por ese plan o calendario: oren por la dirección en que van en la vida, por programas, por eventos escolares, por reuniones de trabajo y por metas familiares. Oren para que como familia aprendan de acontecimientos pasados para que les vaya bien en acontecimientos futuros. Oren por confianza en Dios para que todas las direcciones de su vida tengan propósitos y significado con Él como increíble Guía.

## 64. Oraciones de poder de pizza

Compra una base para pizza o haz una desde cero. Sepárala en bases para pizzas redondas e individuales. Entonces, prepara la salsa, el queso, y diversos alimentos como salchichas, verduras, pepperoni, piña, etc. Pide a todos que intervengan para poner sobre la pizza lo que más les guste. A medida que van añadiendo cosas, pídeles que digan un poder perfecto que Dios tenga sobre sus vidas, por ejemplo, sanidad, bendición o amor. Después, pídeles que levanten una oración a Dios mientras terminan el resto de su pizza. Después le toca al siguiente miembro de la familia, y así sucesivamente. Horneen las pizzas. Después, ¡bon appétit!

## 65. Oraciones por la paz mundial

Encuentra un mapa del mundo o consigue un globo terráqueo que dé vueltas (o "pelota de la tierra", como solía llamarlo mi hija). Además, consigue notas *post-it.* ¿Qué está sucediendo en el mundo actualmente? ¿Guerras? ¿Asesinatos? ¿Catástrofes? Cuando tu familia o tú oigan sobre un tema de oración en una región particular del mundo, escriban una nota para esa zona. Pon la nota donde pertenezca en el mapa. Oren para que los creyentes que haya en esa región tengan fortaleza, paz y fe; que los gobiernos en esas regiones actúen con justicia; y que los incrédulos en esas regiones sean humillados delante de Dios. Pongan esas peticiones delante de nuestro Dios y nuestro Salvador, quien es el único que puede producir paz.

## 66. Misionero invitado

Invita a un misionero de tu iglesia o de un ministerio local. Pídele que hable a tu familia o tu grupo sobre su trabajo para el Señor, y que comparta también necesidades de oración específicas. Impongan manos sobre él o ella durante su sesión de oración y orden para que el poder de Dios esté obrando en su vida. Adopten a esa persona o familia para orar por ellos regularmente.

## 67. Noche de adoración

Pide a cada miembro de la familia que lleve su música de adoración favorita, canción, lista o álbum, para tener una noche de cantos y alabanzas al Señor. Si tienen dones musicales, haz que dirijan un tiempo de adoración. Permite a tus hijos que tengan práctica en el liderazgo al decirles que escojan los cantos y la música.

## 68. Adopta a un soldado

Pregunta a cada miembro de la familia si conocen a alguien que esté en el ejército a quien puedan adoptar y por quién orar. Contacten con el soldado mediante correo electrónico o correo postal, y pregúntenle cómo van las cosas y cuáles son sus necesidades de oración especiales. Oren por esas necesidades. Estén en contacto regularmente con esa persona mediante cartas, llamadas telefónicas, correos electrónicos y comunicaciones especiales durante las vacaciones. Puede que incluso quieran crear una caja de regalo para ocasiones especiales con galletas caseras u otros productos, para alentarlo.

## 69. Adopta a un recluso o hijo de recluso

Jesús dice en Mateo 25:36, 40: *"estuve en la cárcel, y me visitaron... Les aseguro que todo lo que hicieron por uno de mis hermanos, aun por el más pequeño, lo hicieron por mí"* (NVI). ¿Hay algún ministerio de prisiones en tu área? Piensa en ayudarles. Otra manera de visitar el corazón de un recluso es "adoptar" a su hijo, compartir amor con ese pequeño.

Visita en línea www.prisonfellowship.org para obtener más información sobre cómo pueden ayudar mediante Angel Tree Network.

## 70. Oración por líderes inspiracionales

Haz que todos piensen en un líder que les haya inspirado. Reúnanse y compartan historias, y después oren para que la inspiración de Dios, su sabiduría y su fuerza fluyan a través de ustedes para lograr grandes cosas para su reino.

## 71. Alabanza y oración de testimonio

Comparte con los niños tu testimonio personal: ¿Cómo te rescató Dios? ¿Cuándo? ¿Cómo? Habla sobre cómo ha obrado Él en tu vida y en tu matrimonio. Después, pide a cada niño que piense en su testimonio personal, y comience a dar forma a su testimonio a medida que crezca. Pregúntales lo que Dios ha hecho ya por ellos en sus vidas. Sin importar cuál sea su edad, este es un ejercicio estupendo para formar equipo para fortalecer la unidad familiar y de la fe.

## 72. Orar los Salmos

El libro de los Salmos en la Biblia es un libro de oraciones. Hay oraciones de gratitud, oraciones de alabanza, y oraciones de pedir perdón. Hay mensajes sobre vencer obstáculos como la tentación, el temor o el desaliento. Hay oraciones sobre buscar sabiduría, y obtener fortaleza en Cristo cuando es necesaria la valentía. Lee un salmo y después ora según ese salmo, utilizando las palabras del salmista, pero también añadiendo a ellas a medida que seas movido o que sea adecuado. Orar el mensaje que hay detrás del salmo es una manera estupenda de comunicarse amorosamente y abiertamente con Dios. Visita en línea www.Salmos119association/org/The-Salmoss.html para obtener algunos recursos maravillosos sobre los salmos para tu familia.

## 73. Ayuno y oración

Enseña a tus hijos la importancia de renunciar a ciertos alimentos con el propósito de buscar la oración contestada y la gloria de Dios. Quizá durante el periodo de la Cuaresma, o durante cualquier día, semana o mes del año que parezca apropiado, decidan como familia renunciar a ciertos alimentos no esenciales, como refrescos, caramelos o pan. Explica que cada vez que ellos tengan ganas de comer ese alimento en particular, pueden considerarlo un recordatorio del Señor a amar las cosas espirituales más que las materiales (¡aunque siempre debemos ocuparnos de las necesidades de nuestro cuerpo!). Un deseo se convierte en cierto tipo de alarma para recordar a nuestro cuerpo que acuda delante del Señor en oración.

### 74. Noche de comedia

Pide a cada miembro de la familia que contribuya con su chiste favorito (¡que sea limpio!) a la reunión de oración. Puede que tengan que buscar en un libro de chistes familiares o algunos cómicos cristianos para encontrarlo (algunos de nuestros chistes favoritos vienen de Tim Hawkins). Durante la sesión, pídeles que compartan su chiste o comedia. Después oren para que la alegría y la felicidad de su familia continúen para siempre en Cristo.

### 75. Compañeros de oración

Divide a tu familia en equipos de dos. Pídeles que hablen francamente sobre lo que sucede en sus vidas, y de áreas en las que necesiten oración adicional. Después de la charla, pídeles que oren el uno por el otro, y después se mantengan al día sobre sus peticiones de oración.

### 76. Oraciones en la noche del deporte

Si tienen un partido próximo de fútbol, béisbol, voleibol u otro deporte, decidan reunirse unos quince o veinte minutos antes para poder orar en el campo por los equipos que van a participar. Oren para que no haya lesiones, para que sea un partido bueno, feliz y bendecido, y por la paz y la alegría de los equipos y los jugadores. Finalmente, pónganse de acuerdo en oración para que Dios sea glorificado por medio de ese evento.

### 77. Cadena de oración

Forma una cadena familiar de guerreros de oración a la que puedas llevar tus necesidades de oraciones familiares, y viceversa. Puedes

114 Oraciones Fáciles para la Familia

hacerlo mediante correo electrónico, correo postal o teléfono, o reuniéndose en persona, pero es una manera excelente de ampliar tu círculo de oración.

## 78. Círculo de gratitud

Forma un círculo como familia. Los círculos representan unidad, unión y amor. Recorre el círculo y digan tres cosas por las que estén agradecidos a Dios, y la razón. Después, hagan una oración de alabanza y acción de gracias a Dios por ser tan maravilloso con su familia.

## 79. Oraciones ocupacionales

¿Hay una profesión específica en la que participan mamá o papá? Oren por su éxito y por abundantes bendiciones en sus carreras, y para que la familia pueda diezmar bien a la iglesia de Jesús. Después, pregunta a los niños qué les gustaría ser cuando sean mayores, y oren para que estén llenos de honor y la alabanza de Dios, por un éxito pleno hasta llegar allí (si requiere universidad o una formación especial), y por la fuerza y la ayuda de Dios a lo largo del camino.

## 80. Oración con tarjetas de versículos

Haz un conjunto de oraciones en tarjetas con versículos. Recorta una cartulina gruesa o compra tarjetas, y escribe en ellas versículos favoritos. Úsalas para memorizar los versículos, como si fueran tarjetas educativas. Después, haz una oración después de decir cada una.

## 81. Oración DVD

Busca una película con base cristiana en tu iglesia o librería local, que puedan ver juntos como familia. Algunas ideas son: *El Cielo es Real, Sublime Gracia, Reto de Valientes, Cuarto de Guerra* o *Desafío a los Gigantes*. Después de ver la película, hagan una pausa y oren para que Dios les aliente a hacer algo grande para Él.

## 82. Oraciones con recetas

Haz que cada persona aporte al círculo familiar la necesidad de oración más apremiante que tenga. Después, como familia, decidan un versículo en la Biblia que se dirija a esa necesidad, y oren por la necesidad con la receta añadida del versículo.

### 83. Oraciones en noche de juegos

Organiza una noche de juegos familiar. Jueguen a personajes, trivia bíblica, o algún otro juego relacionado con la Biblia. Después, hagan una oración para que su familia se acerque más a la Palabra de Dios y a su plan.

### 84. Jardín de oración

Considera comenzar tu propio jardín de oración pequeño o grande con tus flores, frutas o verduras favoritas. Añade a la zona un banco donde pueda ser elevada la oración en cualquier momento en que lo desee un miembro de la familia.

### 85. "Dame esa religión de antaño"

¿Tienes un canto de un viejo himnario que toque tu corazón? Si tus hijos no conocen esos cantos, toma un momento para imprimirlos del Internet o visitar una tienda local de música para conseguir una guía de los himnos clásicos. Entonces canten juntos algunos de los cantos, y pasen tiempo en oración después.

### 86. Oraciones de toque de queda

Considera orar con tus hijos cuando regresen a casa por la noche después del toque de queda. Ofréceles tiernos recordatorios de tu amor y del amor de Dios por ellos, ofrece oraciones de seguridad, u ofrece oraciones de esperanza para el futuro. Esta es también una buena oportunidad para pedir a tu hijo adolescente que comparta cualquier cosa que pueda estar pesando mucho en su mente o su corazón.

### 87. Noche de discípulos

Organiza una noche de discípulos en la que estudien las características de los discípulos. Recuerden el versículo: *"Y los discípulos fueron, e hicieron como Jesús les mandó"* (Mateo 21:6). Hablen de cuáles atributos en particular tenían los discípulos que les hacían ser verdaderos seguidores de Jesús. Para obtener información adicional acerca de los seguidores de Jesús y sus atributos, visita www.crossroad.to/HisWord/verses/topics/disciples.htm.

## 88. Oraciones del sabio Salomón

¿Hay alguna decisión importante que tiene que tomar tu familia o algún miembro de la familia? Quizá una decisión sobre un empleo, en qué universidad estudiar, o si jugar a un deporte concreto en el próximo año escolar. Antes de orar por sabiduría acerca de la decisión, lean sobre el sueño de Salomón en 1 Reyes 3.

> *Y se le apareció Jehová a Salomón en Gabaón una noche en sueños, y le dijo Dios: Pide lo que quieras que yo te dé. Y Salomón dijo... Da, pues, a tu siervo corazón entendido para juzgar a tu pueblo, y para discernir entre lo bueno y lo malo; porque ¿quién podrá gobernar este tu pueblo tan grande? Y agradó delante del Señor que Salomón pidiese esto. Y le dijo Dios: Porque has demandado esto, y no pediste para ti muchos días, ni pediste para ti riquezas, ni pediste la vida de tus enemigos, sino que demandaste para ti inteligencia para oír juicio, he aquí lo he hecho conforme a tus palabras; he aquí que te he dado corazón sabio y entendido, tanto que no ha habido antes de ti otro como tú, ni después de ti se levantará otro como tú. Y aun también te he dado las cosas que no pediste, riquezas y gloria, de tal manera que entre los reyes ninguno haya como tú en todos tus días. Y si anduvieres en mis caminos, guardando mis estatutos y mis mandamientos, como anduvo David tu padre, yo alargaré tus días.*                                    (1 Reyes 3:5-6, 9-14)

Después, oren por la sabiduría y el favor de Dios sobre su familia, igual que Él los mostró a Salomón.

## 89. Oraciones de generosidad

Piensa una manera en la que puedas bendecir a otra persona con tu generosidad. Puede que no se trate de tu dinero, sino de tu tiempo, esfuerzo, regalos, hornear pasteles, dibujar, u otros talentos y habilidades. Toma ese tiempo para dar misericordiosamente a la persona o personas que tengan instintivamente en mente como familia. Oren antes de actuar, y Dios les bendecirá en abundancia.

## 90. Cuarto de oración

¿Tienes una oficina en casa o un cuarto especial que esté apartado de todos los otros cuartos de la casa? Si es así, designa ese espacio como un cuarto de oración durante una semana, y pon allí una Biblia. Siempre que alguien tenga una necesidad de oración, puede ir a ese cuarto, y orar en soledad o juntamente con otros.

## 91. Blog familiar para Dios

Piensen juntos sobre las principales oraciones que Dios ha respondido a su familia. Escribe sobre el viaje hasta obtener esas respuestas y cómo Dios respondió finalmente las esperanzas de tu familia. Después, compártelo en línea como un blog o entrada en Facebook para que otros sean alentados. Ora para que los incrédulos sean impactados y salvados por medio de leer lo que han escrito como familia.

## 92. Oraciones en Pinterest

Si tienes un hijo que disfruta navegar por Pinterest, creen juntos su propio tablón de oración por temas en Pinterest. Visita en línea www.pinterest.com/anniejobee/prayers-strenght-quotes/para obtener un ejemplo estupendo.

## 93. Escribe un plan familiar de valores

Incluye tus cinco valores familiares principales y por qué son importantes para cada uno de ustedes, y ora para que tu familia incorpore esos valores en cada momento de sus vidas.

## 94. Cena y diálogo "Por qué creo"

Organiza una noche especial para hablar como familia acerca de por qué creen en Dios, quién es Jesús para ustedes, y por qué confían en su poder.

## 95. Temas rotatorios

El mayor de la familia escoge un tema para orar, y dirige un tiempo de oración de diez a quince minutos sobre ese tema. Después, la siguiente persona mayor en edad escoge el siguiente tema de oración para la sesión siguiente en un día distinto, y así sucesivamente.

## 96. Escribe una carta de oración

¿Hay algún amigo que necesite oración? Como familia, escriban una carta de oración para esa persona. Comiencen bosquejando un correo electrónico, o consideren escribirla a mano en una hoja decorada para que tenga más impacto. Empiecen la carta con un sencillo saludo, y expliquen que están enviando una carta de oración. Después, haz que cada miembro de la familia escriba una oración, breve y dulce o larga y considerada, cualquiera de los casos está bien, y pongan o firmen con el nombre bajo cada oración. Concluyan alentando a su amigo a que les haga saber cuando Dios responda a la oración, y que se mantenga en contacto por cualquier medio que mejor se adapte entre ustedes.

## 97. Noche de oración de salvación

Organiza un tiempo de oración dedicado a orar por amigos y familiares que no son salvos, y pide a otros creyentes que formen una lista de personas por quienes orar. Pasa el tiempo de oración enfocado en oraciones por la salvación de esos individuos en particular. Por la lista de nombres en una carpeta para orar por ellos regularmente.

## 98. Aceites bíblicos, hierbas y oración

¿Sabías que hay muchos aceites e hierbas que se mencionan en la Biblia, y que pueden ayudarte en el proceso de sanidad? Por ejemplo, el incienso puede utilizarse para fortalecer el sistema inmunológico. La mirra es un potente antioxidante que tiene funciones antibacteriales, antihongos y antiparásitos. El hisopo, que se menciona en Salmos 51:7, puede aliviar los calambres musculares, el reumatismo y la artritis. Visita una tienda de alimentos saludables, ya sea real o virtual, y compra una de las hierbas que se mencionan en la Biblia. Después, reúne a la familia para buscar y oler la hierba, y para buscar cada versículo donde se menciona en la Biblia. Haz una oración de gratitud mencionando que seguimos estando cerca de los acontecimientos mencionados en la Biblia, que aunque sucedieron hace mucho tiempo, no se produjeron en un mundo diferente; y que todo lo que hay en la Biblia es verdad y real para la vida.

## 99. Viaje por carretera

Planea en un mapa un viaje por carretera: podría ser a un parque cercano, un viaje de fin de semana o incluso su destino de vacaciones de verano. Después, muestra a todos un mapa, y voten para decidir qué paradas hacer a lo largo del camino hacia el destino. Ubiquen esas paradas en el mapa. Cuando llegue el momento de irse de vacaciones, oren por un viaje seguro y den gracias a Dios por el tiempo que pueden pasar. Cuando se detengan en el camino hacia su destino, pasen unos momentos para llenar el tanque no solo de combustible, ¡sino también de alabanzas a Dios!

## 100. Oraciones de nuevos comienzos

¿Hay algo en lo que fallaste en la vida? Si es así, recoge y une los pedazos, y decide maneras de volver a intentarlo. Juntos como familia, oren por los pasos siguientes y sigan sus esperanzas y sueños.

# ORACIONES POR LOS DÍAS FESTIVOS Y OCASIONES ESPECIALES

No necesitamos palabras especiales para dirigirnos a nuestro Dios. ¡Gracias a Dios! Él está preparado y dispuesto a escuchar cada una de nuestras oraciones cuando dirigimos nuestro corazón a Él. Sin embargo, a veces es bonito tener algún lugar donde comenzar cuando oramos por ocasiones especiales (y desde luego, porque soy yo, ¡notarás que mis ocasiones especiales incluyen días para celebrar a niños y mascotas!). Aquí está tu trampolín, para que puedas saltar a tu año con una muestra de oración por cada día festivo y otros grandes eventos.

## Enero

### Año Nuevo

Poderoso Dios del universo:

Venimos ante ti en este asombroso año nuevo, confiando en que será un año bueno, próspero y feliz, pidiéndote conexiones cálidas e increíbles con la familia, fuerza y armonía en las relaciones, y humildad y apertura para mantenernos en tu camino hacia el futuro. Te pedimos que nuestras metas para el año sean sobre ti, sirviéndote y ofreciendo amorosos sacrificios de gozo, paz y adoración en todo lo que hagamos. Con tu gran ayuda y guía, confiamos en que podamos ser en la comunidad columnas de amor semejante al de Cristo. ¡Gracias, Jesús! En tu santo nombre oramos y confiamos. Amén.

## Año Nuevo Chino

Gracias, Señor, por todos tus preciosos creyentes que están celebrando hoy el Año Nuevo Chino; que sus corazones sean bendecidos al celebrar con alegría la diversidad de nuestras culturas. Gracias por todos los hijos de la cultura china que ahora están viviendo en hogares adoptivos en los Estados Unidos. Aunque celebramos el Año Nuevo de maneras distintas, todos celebramos los mismos puntos en nuestras vidas: nuestras familias, nuestras esperanzas, nuestros sueños, nuestra fe y nuestras alegrías. Que quienes te conocen, Señor, te conozcan más en total felicidad y fidelidad. Que quienes no te conocen, entiendan tu salvación, y celebren sobre todos tus caminos grandes y omnipotentes. ¡Gracias, Jesús! ¡Gloria a ti, Jesús, para siempre!

## Día de Martín Luther King (tercer lunes de enero)

Dios de justicia:

Bendice la memoria y el trabajo del Dr. Martin Luther King. Que sus esfuerzos continúen por medio de quienes aprecian a tu pueblo. Que haya una luz de esperanza y una influyente enseñanza de compasión en nuestras escuelas, iglesias, comunidades, nuestro país y el mundo. Que haya un espíritu de unidad. Que haya cooperación entre todos los pueblos que descansan sobre una democracia común y paz. Que el sueño americano esté a disposición y al alcance de todas las clases, razas y etnias en nuestras comunidades. Que experimentemos libertad, derechos civiles y justicia para todos, como afirma claramente nuestra Constitución y como defendió MLK en esta causa vital. Todos somos tu pueblo, y por eso que nos esforcemos principalmente por ti, Dios, creyendo que tu soberanía está sobre todo y es sagrada. Ahora buscamos tu buena voluntad, orden, paz, libertad y prosperidad para nuestro prójimo. Todos somos uno en la gracia de Dios, sin importar raza, color o credo. Oramos en el nombre de Jesús, precioso, alto y santo, amén.

## Febrero

### Día de San Valentín (14 de febrero)

Señor, nuestro Padre celestial amoroso:

¡Gracias por tu amor! Y gracias por enseñarnos sobre el amor mediante tu ejemplo. Señor, no permitas que seamos metales que resuenan ni címbalos que retiñen. Que lo digamos todo en amor. Que actuemos en amor. Por favor, ayúdanos a ser pacientes y amables; ayúdanos a no ser envidiosos ni presuntuosos. Que no seamos arrogantes y rudos, ni insistamos en tener las cosas a nuestra manera. Protégenos de la irritación y el resentimiento. En lugar de gozarnos en la injusticia, que siempre nos gocemos tan solo en la verdad. Ayúdanos a sobrellevar todo, a creer todo, a esperar todo, y a tolerar todo. Señor, tú *eres* amor. Enséñanos a amar como tú. En tu nombre sin igual, amén.

(Para ver la inspiración de esta oración, ver 1 Corintios 13).

## Marzo

### Día de San Patricio (17 de marzo)

Amado Padre amoroso:

Gracias por enviar a San Patricio a predicar sobre tu reino a las personas de Irlanda. Hoy marchamos para alcanzar a quienes no son salvos, para tu gloria. Al igual que San Patricio proclamó tu gran amor hacia todos los hombres y las mujeres, que también nosotros difundamos tu mensaje por todas partes, aquí y globalmente. Que tu promesa alcance a quienes están perdidos, rodeándolos con tu brillante luz. Que quienes te son fieles vivan más confiadamente con una buena habilidad para compartir y dar testimonio. Que tu amor y tu serenidad reinen en nuestros corazones a medida que avanzamos tal como nos guíe el Espíritu Santo. ¡Gracias porque tú eres nuestro único Dios verdadero! Te alabamos en el santo nombre de Jesús. Amén.

Dice la leyenda que San Patricio compuso esta oración en el año 433:

"Me levanto hoy, mediante la fuerza de Dios para pilotarme: la fuerza de Dios para sostenerme, la sabiduría de Dios para guiarme, los ojos de Dios para mirar delante de mí, los oídos de Dios para escucharme, la palabra de Dios para hablar por mí, la mano de Dios para guardarme, el camino de Dios delante de mí, el escudo de Dios para protegerme, el ejército de Dios para darme seguridad: contra las trampas de los diablos, contra las tentaciones de los vicios, contra las inclinaciones de la naturaleza, contra todo aquel que me desee el mal, lejos y cerca, en soledad ,y en medio de una multitud.

"Hoy clamo a todos estos poderes entre yo mismo y esos males: contra todo poder cruel y despiadado que pueda oponerse a mi cuerpo y mi alma, contra encantos de falsos profetas, contra leyes negras de paganismo, contra leyes falsas de herejes, contra trabajos de idolatría, contra encantos de brujas y magos, contra todo conocimiento que ponga en peligro el cuerpo y el alma del hombre. Que Cristo me proteja hoy contra envenenamiento, contra quemaduras, contra ahogamiento, contra heridas, de modo que pueda llegar abundancia como recompensa.

"Cristo conmigo, Cristo delante de mí, Cristo detrás de mí, Cristo en mí, Cristo debajo de mí, Cristo encima de mí, Cristo a mi derecha, Cristo a mi izquierda, Cristo en anchura, Cristo en longitud, Cristo en altura, Cristo en el corazón de todo hombre que piense en mí, Cristo en la boca de todo hombre que hable de mí, Cristo en todo ojo que me vea, Cristo en todo oído que me oiga.

"Me levanto hoy mediante una fuerza poderosa, la invocación de la Trinidad, mediante la creencia en Tres en uno, mediante la confesión de la unicidad del Creador de la creación.

"La salvación es del Señor. La salvación es de Cristo. Que tu salvación, oh Señor, sea siempre con nosotros. Amén".[6]

---

6. "The Lorica (The Deer's Cry), WorldPrayers.org, http://www.worldprayers. org/ archive/prayers/invocations/i_arise_today_through_a_mighty.html, (consultado en línea el 7 de abril de 2016).

## Abril

## Día de las mascotas (11 de abril)

Amado Dios:

Muchas gracias por nuestra(s) mascota(s). ¡Las queremos! Gracias por poner a [nombre de la mascota] en nuestras vidas y en nuestra casa. Estamos agradecidos por la ternura de nuestra mascota, por su bondad y su amorosa compañía. Te damos gracias porque nuestra(s) mascota(s) es un regalo tuyo. Que siempre la tratemos con manos tiernas, admiración y amor. Te pedimos que las bendigas con tu protección, tu amoroso cuidado y contentamiento. Por favor, dale a nuestra mascota una vida larga y feliz. Oramos para que la guardes de dolor, daño o peligro, porque como dice tu Palabra en Salmos 145:9: *"Bueno es Jehová para con todos, y sus misericordias sobre todas sus obras"*. Gracias, Dios, porque verdaderamente eres misericordioso y afectuoso, y porque tú amas a todas tus obras, incluidas nuestras mascotas. Nosotros también las amamos, y te damos gracias por tu interés por ellas, pues ni siquiera un pájaro cae a tierra sin que tú lo sepas, Señor. Oramos y confiamos en el santo nombre de Jesús. ¡Amén!

## Domingo de Ramos

Amadísimo Padre celestial:

Gracias por enviar a tu precioso Hijo, Jesús, a venir a este mundo. El día en que Jesús entró a Jerusalén montado en un pollino, imaginamos el desfile de alegría en la calle mientras adoradores echaban al suelo ramas de palmera. Entendemos que la alegría se convirtió rápidamente en tristeza; el camino llevaba a una muerte dolorosa y trágica en una cruz de madera. No podemos imaginar el sufrimiento que experimentaste por nosotros, Señor; tan solo podemos postrarnos ahora que somos tuyos, Señor, y por eso te adoramos y tomamos tiempo para recordar tu profundo sacrificio por nosotros, pecadores. Fortalécenos, oh Dios, en una medida sustancial, con la perseverancia que tú tuviste incluso ante la muerte. Ayúdanos a tener valentía como cristianos para ayudar a quienes tienen necesidad, aunque también nosotros podamos enfrentarnos a problemas y oscuridad. Sé con nosotros, Señor, en nuestros valles, y permítenos buscarte con un corazón, alma y propósito puros, y con gozo verdadero, adorándote. ¡Hosanna en las alturas! ¡Gracias, Dios santo! Oramos y te buscamos en el nombre de Jesús. ¡Amén!

## Viernes Santo

Santo Dios del cielo:

Santificado sea tu nombre. Nos acercamos a tu trono celestial este Viernes Santo, reflexionando en la naturaleza misma de tu sacrificio por nosotros como pecadores. Al entender el alcance de la muerte de tu Hijo Jesucristo en la cruz, descansamos en la profunda tristeza con respecto al sufrimiento de la cruz, donde Jesús quitó nuestros pecados, y perdonó nuestras iniquidades. Estamos agradecidos sin medida por tu amor incondicional por nosotros este viernes, y por tu plan para nosotros como seguidores de que tomemos nuestra cruz y te sigamos con absoluta obediencia, confianza, esperanza y fe. Al hacerlo, que podamos comprender la profundidad de tu amor, y que podamos compartir contigo tu amor y devoción inquebrantables. Oramos en el nombre de Jesús, amén.

## Alabanza por la Pascua

¡Gloria a Dios!

Aleluya, ¡el Señor ha resucitado! ¡El Señor ciertamente ha resucitado! Estemos agradecidos por este bendito día de Pascua cuando podemos dar alabanzas a nuestro increíble Padre, Aquel que envió a su Hijo a morir por nosotros en la cruz, a ocupar nuestro lugar y a ponerse en la brecha entre la vida y la muerte, la esperanza y la desesperanza, el bien y el mal. ¡Gloria a Jesús! Tenemos vida eterna, permitiendo que Jesús llene nuestro corazón, a medida que caminamos con Él en nuestra vida cotidiana, dándole honor. Confiamos en Él para una vida eterna extraordinaria en su reino celestial. Amén.

## Día del Árbol (último viernes de abril)

Poderoso Padre y generoso Creador:

Gracias, Señor, en este Día del Árbol, por tu creación gloriosa, colorida y grande. Que seamos defensores de tu tierra, de la belleza y del medioambiente natural que tú has puesto misericordiosamente a nuestro alrededor para que lo admiremos y respetemos. Que seamos cuidadores diligentes de los árboles, arbustos, plantas y flores de nuestro mundo. Queremos promulgar una sana plantación de árboles y desarrollo agrícola. Que representemos a tu creación con honor y dignidad; que nuestras raíces estén basadas completamente en ti, Jesús, en quien oramos y confiamos. ¡Gracias, Jesús! ¡Amén!

## Mayo

### Día Nacional de la Acogida

Amado Padre:

Tu Palabra dice en Juan 14:18: *"No os dejaré huérfanos; vendré a vosotros"*. Según este versículo y esta promesa oramos, Señor, por los preciosos niños en acogida en nuestra nación. Señor, hay cientos de miles de esos niños y tú los conoces por nombre; ellos son tuyos, y tu amor por ellos rebosa. Nuestros corazones se rompen por ellos, y los levantamos ante ti para que los lleves a hogares seguros y felices. Que tengan un buen cuidado, sean bien alimentados y cobijados, y sean sostenidos con pura ternura, guiados con manos amorosas y fieles. Que cada uno de ellos sienta que tiene un gran valor ante tus ojos, y ante los ojos de sus seres queridos. Que cada uno de ellos sea adoptado para siempre; que ninguno sufra abuso, daño o dolor. Señor, te pedimos que tu gran favor, tu esperanza más pura y tu amor continuo caigan sobre ellos como un río lleno de tu poderosa paz. Oramos y confiamos en el nombre de Jesús, ¡amén!

### Día Nacional de Oración (primer jueves de mayo)

Precioso Dios, poderoso Rey, y Gobernante de todas las naciones:

Nos acercamos a ti por nuestro país enfermo. Tomamos tiempo para orar y meditar en tu Palabra, que es la espada del Espíritu y el camino a la justicia. Como dice 2 Crónicas 7:14: *"si se humillare mi pueblo, sobre el cual mi nombre es invocado, y oraren, y buscaren mi rostro, y se convirtieren de sus malos caminos; entonces yo oiré desde los cielos, y perdonaré sus pecados, y sanaré su tierra"*. Que descansemos sobre esta Palabra, exaltándote a ti en oración, y clamando por tu gran misericordia y transformación de todo lo que hay en nuestra nación. Toca los corazones de nuestros líderes para que abran sus mentes a ti como la fuerte Roca. Que tu sabiduría, conocimiento y entendimiento prevalezcan en sus mentes, y consuelen su espíritu. Dales una dirección nueva y asegurada en el santo nombre de Cristo. Otórganos, como una nación bajo Dios, la valentía para rechazar todo lo que sea malvado o pecaminoso a tus ojos como tu pueblo. Capacítanos para seguir de cerca tu plan y a ti, obedeciendo tu voluntad para nuestra tierra, nuestras comunidades y sociedades. Ayúdanos a inspirarnos conjuntamente unos a otros a caminar el camino de Jesús, y a hablar usando lenguajes calmados y serenos. Que sean reducidas la violencia y toda mala voluntad; que reine la paz, la prosperidad, la justicia y el optimismo. Señor, nuestro Dios, por favor escucha el ruego de tus siervos fieles que se arrodillan ante ti en este día. Te pedimos que muchas almas sean salvadas, que haya sanidad masiva sobre nuestro país, y que se manifieste nada menos que tu increíble gloria. Nos humillamos y oramos en el nombre de Jesús. ¡Amén!

## Día de las Madres (segundo domingo de mayo)

Dios Todopoderoso:

Nuestra Roca, nuestro mapa de vida y propósito, te damos incontables gracias por los miembros de nuestra familia. Te damos gracias por todas las mamás, abuelas, tías y mujeres que nos han bendecido con su amor sacrificial. Por favor, Señor, alienta sus corazones y acércalas a tu corazón; inclínalas a tu entendimiento. Danos a cada uno de nosotros sabiduría para caminar contigo, y honrarte todos los días de nuestra vida en respeto, obediencia y pura admiración. Recuérdanos que seamos pacientes y amables, viviendo según tus palabras y tus caminos, arrodillándonos cada día en oración y alabanza. Levántate y llámanos benditos como familia con corazones alegres y que sirven. ¡Gracias, Jesús! Amén.

## Día de la Conmemoración (último lunes de mayo)

Amado Padre celestial:

Gracias por otorgarnos la libertad como estadounidenses de seguir nuestras esperanzas y nuestros sueños en ti. Ayúdanos a recordar diariamente el inmenso sacrificio que nuestros hombres y mujeres en las milicias han hecho para mantener libre a nuestro país. Bendice a nuestros hijos e hijas mientras son testigos de esta protección. Por favor, mantén cerca a nuestros militares, bajo la sombra de tus alas, mientras se enfrentan a peligros internos y externos. Cúbrelos con tus plumas mientras los cuidas, y dales la capacidad de afrontar los obstáculos del día. Sé con las mamás y los papás de quienes perdieron sus vidas en pasadas guerras. Oramos por tu paz y su capacidad de afrontar la vida con valentía y esperanza renovadas. Que recuerden que son bienaventurados los que lloran, porque ellos serán consolados (ver Mateo 5:4). Que las fuerzas armadas tengan todo lo que necesitan para llevar a cabo sus misiones con diligencia y tierna seguridad. Recuérdales tu amor constante y tu fidelidad. ¡Gracias, Jesús! Amén.

## Junio

### Día Internacional del Niño (1ro. de junio)

Te alabamos, Dios, por los increíbles niños del mundo,
Por sus corazones de oro y su mirada de asombro,
Por sus mentes de ingenio y el trueno de sus voces,
Por los tiernos abrazos, preciosos rostros y el suave toque,
Por sus adorables maneras que tanto amamos.
Te damos gracias, Jesús, por todos los niños del mundo.
Protege a quienes sufren y puede que no conozcan
El amor de un Padre que da vida a sus corazones.
Por favor, intercede por quienes están en el camino del mal.
Que su día sea más brillante, más calmado y con más significado.
Por quienes son huérfanos, que pronto tengan familias
Llenas de amor y afecto, y de tu yugo ligero.
Que sus vidas sean llenas de alegría, felicidad, y de caminar
En tu guía y voluntad, que sus bocas hablen
De oración, risas, y esperanzada obediencia. Gloria a Jesús
Siempre por los niños. Que ellos siempre conozcan primero
tu amor, porque «*Dejen que los niños vengan a mí,
y no se lo impidan, porque el reino de los cielos
es de quienes son como ellos*» (Mateo 19:14 NVI).

## Día del Océano (8 de junio)

Gracias, Dios, por la inspiradora belleza del océano; por la suave brisa que lo rodea, por las aguas inspiradas de azul; por la calma y las serenas bahías de agua blanca resplandeciente y bronceadas arenas; por el modo en que dice nuestro nombre cuando reconocemos que ha sido creado en tu gloria; por el mensaje que nos da mientras esperamos el potente telón de su atardecer, una familia construyendo un castillo de arena, o dos aves elevándose juntas en su vuelo. Que muchos puedan ver el reflejo de tu magnificencia cuando miren la inmensa maravilla de toda tu belleza y creación.

Gracias, Dios santo. ¡Amén!

## Día de los Padres (tercer domingo de junio)

Dios santo, Dios poderoso, Padre bendito:

En tu amor nos hiciste ser una familia, y te damos gracias por ser nuestro Padre celestial, maestro, guía e instructor sobre cómo deberíamos actuar. Te damos gracias por nuestros papás, abuelos, tíos, y todos los otros hombres que nos aman, nos guían, y son nuestros mentores. Señor, te alabamos por ellos, y te pedimos tu bendición sobre ellos para que seas su Padre al igual que ellos lo son de nosotros. No podemos hacer nada sin ti, y por eso, Señor, ve delante de nosotros y ayúdanos a saber cómo desempeñar nuestros importantes roles familiares con amor puro, esperanza, responsabilidad y valentía. Ayúdanos a saber cuándo comunicar, cuándo dar un paso atrás y escuchar, cuándo alentar y cuándo dar tiernos abrazos para mostrar que nos interesamos. Ayúdanos a conectar unos con otros y contigo, Dios, como nuestro precioso Padre celestial. Oramos en el nombre de Jesús, santo y poderoso. Amén.

## Julio

### 4 de Julio, Día de la Independencia de los Estados Unidos

Amado Dios:

Estamos muy agradecidos por las libertades que tú nos has dado, especialmente la libertad de la vida eterna, la cual escogemos por medio de tu precioso Hijo Jesucristo. Gracias por el sacrificio que Jesús hizo en la cruz por todos nuestros pecados. Gracias por el magnífico ejemplo que Jesús nos dio con su vida. Ayúdanos a no dar nunca por sentado ese liderazgo. Permítenos comprenderlo, permanecer en él, y seguir a Jesús todos los días de nuestra vida. Gracias por los hombres y las mujeres que han servido con valentía a nuestro país, ayudando a asegurar nuestras libertades y proteger nuestras familias, nuestros hogares y nuestro futuro. Bendice sus vidas con paz, consuelo y seguridad en todo lo que hagan. Ayúdalos a regresar a sus familias si aún están desplegados, y guarda sus cuerpos y sus almas del camino del mal. Sea conocida tu gloria por medio de sus vidas y de las nuestras mientras te servimos. Gracias, Jesús. Amén.

## Agosto

### Regreso a la escuela

Dios poderoso:

Gracias, Dios, por este tiempo de regreso a la escuela, y de renovar nuestras mentes. Que este sea un año de alegría y descubrimiento. Que nos enfoquemos bien en nuestros estudios, y logremos mucho en nuestras calificaciones y nuestro ambiente. Que nunca experimentemos acoso escolar o desesperanza, sino solamente amistad verdadera, paz, logros sinceros y éxitos. Que nuestras escuelas estén seguras contra cualquier terrorismo o planes del enemigo. Que nuestros maestros, directores, administración y líderes sean fuertes y capaces. Que nuestras mentes se amplíen con gran conocimiento y seguridad. Te damos gracias, Jesús, por todo lo bueno que nos das. ¡Gloria a Jesús para siempre!

## Septiembre

### Día del Trabajo (primer lunes de septiembre)

Amado Padre celestial:

Te damos gracias y te alabamos, Dios santo, ¡por este Día del Trabajo! Gracias, Dios, por darnos tiempo para habitar en paz, y redescubrir las maravillas de la vida. Reclamamos tu promesa de que tu presencia irá delante de nosotros, y nos darás descanso (ver Éxodo 33:14). Que podamos experimentar seguridad, un sol brillante, felicidad, amor y momentos de paz al reagruparnos como familia. En el nombre de tu Hijo, que nos da este descanso y relajamiento, gracias, Dios santo. ¡Amén!

## Día Internacional de la Paz (21 de septiembre)

Señor de paz:

En este día de la paz levantamos a ti las vidas de todas las personas sobre la faz de este planeta, todos ellos creados a tu imagen, y oramos por ellos según Filipenses 4:7: *"Y la paz de Dios, que sobrepasa todo entendimiento, guardará vuestros corazones y vuestros pensamientos en Cristo Jesús"*. Sean quitados pensamientos ansiosos y corazones cargados. Sean calmadas las almas enojadas e impacientes. Sean bendecidos los espíritus con paz, unidad, pensamientos de ti, y amor. Que todo mal, toda fortaleza del diablo, y todo problema de oscuridad se vayan en el santo nombre de Jesús. Que haya esperanza y podamos ver a naciones unidas, en acuerdo, sociedades viviendo en armonía y, sobre todo, familias actuando con tranquilidad y bondad. Que cesen las guerras, que se vayan las preocupaciones, y sean borrados el daño y el abuso de nuestra presencia y de la existencia de nuestro mundo. Que experimentemos juntos un tiempo de calidad. Que todos actuemos según la naturaleza de Dios, pacífica, abundante y buena, según tu voluntad para nuestras vidas; oramos y confiamos en la sangre de Jesús. Que todo esto sea para tu propósito, tu plan y tu maravillosa gloria. ¡Alabado sea Jesús! Amén.

## Octubre

## Mes de la Concienciación sobre el Cáncer [Una bendición]

Preciosas mujeres de esperanza, mujeres que han sufrido cáncer, nuestras amigas, compañeras de oración, colaboradoras de confianza y hermanas en Cristo, almas alentadoras; ustedes nos hacen querer seguir una vida en Cristo más satisfactoria, llena de interés, servicio y profundidad.

¡Gloria a Dios por su valentía! Oramos ahora para que se aferren juntas y con Cristo incluso cuando duele; y sabemos que a veces duele mucho, mucho.

Que permanezcan en Cristo en los altibajos; que sepan que Él puede sanarlas y las sanará... porque Él les ama; ¡ustedes son la niña de sus ojos! Él está con ustedes para derrotar a esta terrible enfermedad. Nuestra oración es que venzan totalmente, nunca tengan que volver a enfrentarse a la enfermedad, y lleven una vida fructífera, feliz y sana.

Oramos para que sepan que Cristo *en* ustedes es mucho más fuerte que cualquier cáncer, y debe irse *ahora* de su cuerpo, y son libres. Oramos para que sean libres totalmente, ¡y sanadas por completo!

Por nuestros seres queridos que tienen a personas amadas sufriendo, aunque puede que no los conozcamos, oramos para que también ellos sean sanados, porque Dios ha hecho que ustedes sean, amados, algunas de las personas más fuertes y más hermosas en este mundo... y les amamos. Vemos a Dios brillar por medio de ustedes.

Oramos por ustedes y por sus seres queridos, con todo nuestro corazón y nuestra alma, para que sean sanados como verdaderos vencedores y campeones por Cristo, porque son amados, ¡ahora y para siempre! Oramos y confiamos en el santo y precioso nombre de Cristo.

## Halloween (31 de octubre)

Padre celestial:

Bendícenos, Señor, en lo profundo de nuestro ser. Protege nuestra mente, nuestro cuerpo y nuestra alma mientras buscamos entretenimiento en esta época de Halloween. Ayúdanos a estar seguros y enfocados en tu buena voluntad y en nada menos. Llena nuestras vidas de amor por la humanidad. Guárdanos libres de toda tentación, y guíanos en el camino eterno. Danos un tiempo maravilloso de risas y amistad. Sé con nosotros al representarte a ti cada día, especialmente durante este día: Halloween. Capacítanos para ser tu luz en la oscuridad. ¡Gracias, Jesús! Amén.

## Noviembre

### Temporada Electoral

Gracias, Señor, por darnos la capacidad y la libertad de elegir a nuestros líderes. Al acercarse el día de las elecciones, por favor ayúdanos a tener la sabiduría y el entendimiento puros para saber cuáles son los mejores candidatos para ocupar los puestos vacantes en nuestro gobierno. Ayúdanos a elegir candidatos buenos y piadosos que bendecirán al pueblo que gobiernan. Permite que seamos ciudadanos concienzudos que tomamos decisiones fieles y honorables. Capacítanos para estar sujetos a las autoridades gobernantes como dice en Romanos 13, y guíanos hacia la paz y no la división. Abre nuestros ojos para ver cualquier cosa que sea falsa en los discursos y las ideas que rodean estas elecciones. Oramos ahora por verdad, por justicia, y por candidatos que lleven a cabo tu voluntad y no la suya propia. ¡Gracias, Jesús! Amén.

### Día de los Veteranos (11 de noviembre)

Amado Padre:

Leemos en tu Palabra en 1 Pedro 4:12-14: *"Amados, no os sorprendáis del fuego de prueba que os ha sobrevenido, como si alguna cosa extraña os aconteciese, sino gozaos por cuanto sois participantes de los padecimientos de Cristo, para que también en la revelación de su gloria os gocéis con gran alegría. Si sois vituperados por el nombre de Cristo, sois bienaventurados, porque el glorioso Espíritu de Dios reposa sobre vosotros"*. Señor, muchos de nuestros veteranos han sufrido profundamente en feroces pruebas y trágicas circunstancias, como dice en 1 Pedro. Rogamos que tu gran misericordia sea sobre ellos para que puedan ver tu gozo otra vez en sus vidas y en su hogar. Haz, Señor, que puedan sentir tu mano descansando sobre ellos; que sientan tu gracia sanando sus almas, y alentándolos a gozarse y alegrarse en presencia de amor genuino. Te alabamos, Jesús, para siempre. Amén.

## Día Nacional de los Niños [Una bendición]
(20 de noviembre)

Para los niños en los hogares de nuestro país y en orfanatos: que Dios les bendiga y les asegure que tienen gran importancia y valía, que el amor de Él es poderoso e innegable en cada momento de sus vidas, y que el corazón de Él late en ustedes, su creación, y en su marca en este mundo. ¡Ustedes son un regalo! Que Dios les bendiga, y haga brillar sobre ustedes su luz que todo lo llena y su amor.

Para nuestros niños y los niños de nuestro mundo con padres, abuelos y tutores: que sus corazones sean abrazados y sostenidos por los brazos amorosos de su familia, aprendiendo sin temor sobre la vida, creciendo, llenando sus mentes con la escuela, amigos, esperanza, metas, planes, diversión, juguetes, un futuro. Con Cristo en el centro, que ese futuro sea brillante y amoroso, y que su presente *ahora* se emplee en descubrir cada vez más cada día el gran amor de Él sobre ustedes. Porque ustedes son especiales, atesorados, importantes y adorados por su Padre del cielo, y por su familia aquí en la tierra.

Oramos una bendición crítica para que la sangre de Cristo cubra a cada niño; que cada uno sepa que está seguro y protegido. Que sus mentes sean llenas de sabiduría, gozo, paz y amor. Que la salvaguarda divina de Dios los rodee, y su consuelo les mantenga seguros ahora y siempre, en el santo nombre de Jesús confiamos.

## Día Nacional de la Adopción
(sábado antes de Acción de Gracias)

Padre celestial:

Te damos gracias, Rey que todo lo puede, por el regalo de la adopción. Entramos por tus puertas con acción de gracias, y te alabamos y bendecimos porque tus preciosos hijos huérfanos tienen hogares eternos que tú construiste; sabemos que tú, y solamente tú, eres la Piedra angular de nuestras familias. Te pedimos que cada vez más huérfanos sean descubiertos, queridos y adoptados por tus escogidos. Te damos gracias por cada alma involucrada en el proceso de adopción. Oramos por vidas salvadas, niños rescatados, y la comodidad del hogar. Gloria a Jesús ahora y siempre. ¡Amén!

## Día de Acción de Gracias (cuarto jueves de noviembre)

Amado Padre:

Dios nuestro, esperanza nuestra, nuestra vida y nuestro propósito; tú eres la única influencia que importa en nuestras vidas. Te damos hoy incontables gracias por todo lo que tú estás haciendo en nuestras vidas. Gracias por este día, que es una oportunidad clara de darte honor y alabanza. Gracias por tu abundante provisión: por el alimento, cobijo, el sueño, por los demás, por protección, diversión, consistencia, y por sorpresas. Gracias porque nunca nos dejas ni nos abandonas, sino en cambio siempre estás a nuestra derecha y nuestra izquierda. Te damos gracias, y te alabamos por todo lo que haces y por quien eres para nosotros: nuestro Príncipe de Paz que reina en la oscuridad; ¡gracias, Jesús! Amén.

## Diciembre

## Adviento

*Esperad por completo en la gracia que se os traerá cuando Jesucristo sea manifestado"* (1 Pedro 1:13)

Que el Adviento sea un tiempo bendito de preparación para la época de Navidad.

Que nuestra anticipación encuentre cumplimiento solamente en Cristo.

Que nuestra esperanza esté en las manos del Señor, en quien confiamos, y quien nos salva.

Que nuestro gozo esté completo por un mañana soleado y hermoso.

Que nuestras tradiciones de este periodo personifiquen el significado de su sacrificio.

Que nuestra paz espiritual sea ejemplo del notable don del amor de Cristo.

Que nosotros y nuestros seres queridos sean protegidos de cualquier ansiedad y problema.

Que nuestras preocupaciones sean elevadas en esta oración.

Que sirvamos al Señor con diligencia, mentes renovadas y corazones reposados.

Que vivamos en unidad con todos nuestros hermanos y hermanas en Cristo.

Que la luz llene nuestras almas, nuestro hogar, nuestra familia y nuestro futuro.

Que aceptemos de buena gana el don de la gracia dado mediante Jesucristo.

Oramos en el precioso y poderoso nombre de Jesucristo nuestro Señor, amén.

## Día de Navidad (25 de diciembre)

Gracias, Señor, por otra época de Navidad, por humillarte a ti mismo para convertirte en un niño aquí en la tierra para así poder crecer, amar, ministrar, y finalmente morir en la cruz por nuestros pecados. Que tu luz ilumine el camino de un periodo importante de dar y compartir, con valentía para dejar a un lado las simples tradiciones y dar esperanza a quienes tienen necesidad, dar momentos que todos atesoraremos, dar gloria a tu santo nombre, y dar gozo verdadero a nuestras experiencias.

Oramos para que nos acerques a ti mientras estamos agradecidos por la razón de esta época;

Por fe que aliente nuestro espíritu, dándonos inspiración para nuestra familia cada día;

Por amor en nuestro hogar, paz en nuestras relaciones, revelaciones para el futuro;

Por un año nuevo brillante que esté a la vuelta de la esquina mientras nos preparamos para tu obra;

Para que nos acordemos con compasión de los huérfanos, y otros en nuestro mundo que necesitan nuestra ayuda;

Para que nuestra familia se deleite en unidad y amor de Aquel que nos amó primero;

Para que la gloria de Dios sea conocida por medio de nuestras acciones de bondad por otros;

Por una celebración de Navidad y satisfacción en nuestros corazones que permanezca para siempre;

¡Gracias, Jesús!

Amén.

## Ocasiones especiales

### Un compromiso nupcial

Amado Padre celestial:

Te damos gracias *a ti*, Señor, por este importante compromiso. Nos acercamos a ti con dicha y gratitud por esta hermosa pareja. Gracias por el compromiso entre ellos mientras planean unir sus vidas en santo matrimonio, y por el afecto que comparten. Gracias porque creen en el amor eterno al unirse como uno. Gracias por la adoración que se ha desarrollado entre ellos. Que haya un amor incondicional entre ellos que salvaguarde una profunda y duradera amistad. Al acercarse a la ceremonia de boda, que vivan, amen y se rían con corazones plenos y felices. Dales la gracia para escucharse el uno al otro con atención. Sé con ellos en su relación y edifica un vínculo espiritual que dure para siempre. Por favor, Señor, sé tú en el centro de este matrimonio. Sé el árbol que se erige fuerte, alto y certero, con ramas que den sombra a esta pareja siempre. ¡Gracias, Jesús! Amén.

### Una boda

Amado Dios:

Padre nuestro, nuestro Creador, quien nos une: levantamos a ti este precioso vínculo del matrimonio que se está formando entre estas dos personas. Presentamos su relación delante de ti, pidiéndote tu poderosa bendición y derramamiento de amor y fe sobre ellos todos los días de sus vidas. Que te confíen sus almas a ti con la confianza de que tú los guiarás y los capacitarás para amarse el uno al otro como tú nos amas, y que ellos te amen sobre todo como su única Piedra angular por toda la eternidad. Que estén rodeados por una comunidad amorosa donde puedan acudir en los tiempos difíciles, pero que también formen una comunidad inconmovible en su hogar: una familia que te siga a ti. Permite que su matrimonio perdure en adoración y celebración de ti cada momento de su compañerismo en Jesucristo. ¡Gracias, Jesús! Amén.

## Aniversario propio

Padre amoroso:

Gracias por la increíble conexión que tenemos mediante el matrimonio. Gracias por nuestro amor profundo y duradero, esperanza y felicidad juntos. Te bendecimos, Señor Jesús, por la familia que hemos desarrollado en tu amor. Gracias por un espíritu de esperanza entre nosotros, que nos ayuda a mirar adelante a muchos años llenos de gozo, salud y plenitud pese a las dificultades. Bendice a nuestros hijos y a los hijos de nuestros hijos con todas las provisiones de tu gran prosperidad y vida mientras ellos viven sus días en servicio a ti. ¡Gracias, Jesús! Oramos y confiamos en tu santo nombre. Amén.

## Un bebé recién nacido

Amado Dios:

Gracias, Señor, porque nos diste esta maravilla de bebé, una pequeña vida que se confía a las manos de los padres para que la cuiden, la sueñen y la amen. Gracias, Dios, porque este bebé fue formado por tus santas manos con propósito, dirección, talentos y dones espirituales que solamente este bebé puede mostrar para tu reino, gloria, honor y misiones. Gracias, Jesús, porque esta vida es verdaderamente un regalo que tú has moldeado y enviado al mundo para que la alimentemos y la atesoremos. Que los padres sean todo lo buenos que puedan ser con tus manos para guiarlos cada día. Amén.

## un graduado

Dios santo y fiel:

Gracias por este día que está delante de nosotros, un día de graduación, un momento de honor, un tiempo de alabanza, para darte gracias por este graduado que te confía su vida y su futuro. Haz que esté enfocado en tu camino. Muéstrale el camino hacia el éxito y la paz interior verdadera. Que sus experiencias y su vida produzcan fruto abundante para tu reino, oramos en el poderoso nombre de Jesús. Gracias por una buena educación y una oportunidad para representarte a ti, Jesús, en este mundo frío y duro. Que pueda descubrir la verdad de que todo contentamiento yace en una relación cercana e íntima contigo, en caminar contigo día a día, en escuchar tu voz, tu poder, tus mandamientos, y en tu gran amor. ¡Gracias, Jesús! ¡Que así sea! Confiamos en tu precioso nombre. Amén.

## un bautismo

Amado Padre celestial:

Te damos gracias por tu Espíritu Santo que está sobre nosotros en esta ceremonia de bautismo. Que esta ceremonia sea un símbolo de fe, seguridad y confianza inconmovible. Que tu amor fluya al honrarte el bautismo, sabiendo que tú has llamado a tus ovejas a seguir tu voz influyente, que nos dirige, y nos muestra el camino. Rodéanos con tu esperanza, con tu audaz protección, tu autoridad y tu gloria hoy y para siempre. Llénanos con tu Espíritu Santo, y permite que todo lo que rodea esta ceremonia sea bendecido por la sangre de Jesucristo, acercándonos más a ti y al conocimiento de tu santa presencia y amor. ¡Gracias, Jesús! Oramos en tu poderoso nombre, Jesucristo. Amén.

## una adopción

Amado Padre celestial:

Nuestro Dios, nuestra Roca, nuestro Rey, nuestro Proveedor, te damos gracias en primer lugar porque nos adoptaste en tu divina familia, y nos diste la bienvenida a tu presencia. Gracias también por esta maravillosa familia que está a punto de adoptar a este niño bendito. Que la adopción vaya perfectamente sin imprevistos ni problemas ocultos. Por favor, rodea a esta familia con tu escudo de protección, asegurando que sus necesidades sean suplidas financieramente, espiritualmente, físicamente y emocionalmente, mientras se preparan para que este nuevo niño sea una adición permanente a su hogar. Estamos muy agradecidos por tu influencia para suplir los recursos necesarios, mover los montes, y asegurar que todo vaya bien. Oramos para que se establezca un vínculo milagroso entre los padres, el niño y los hermanos, y el resto de la familia y amigos. Oramos para que esta familia sienta tu mano uniéndolos en puro amor y devoción. Por favor, Señor, que así sea en el santo nombre de Jesús. Amén.

## Un cumpleaños

Rey fiel:

¡Te damos gracias por otro magnífico cumpleaños! Nos gozamos en este día que tú has creado, dando vida a _____. Por eso y por muchas otras razones te damos gracias sinceramente. Gracias por los maravillosos recuerdos que este día trae para _____. Gracias por las personas que han rodeado a _____ con amor. Gracias por tu presencia divina y preciosa en nuestras vidas. Como dice Salmos 139:14: *"¡Te alabo porque soy una creación admirable!"*. Incluso antes de que _____ naciera, tú le amaste con amor *ágape*, puro, extraordinario, y le amas de ese modo hasta hoy. Oramos para que con tu misericordia guíes y cuides a _____ en este año. Gracias por el amor que le diste gratuitamente este año pasado, por tu cuidado atento sobre nuestra familia en lo bueno y en lo malo. Gracias por unirnos para este día especial y significativo. Que este sea el mejor cumpleaños que _____ ha tenido jamás, y que tú recibas todo el mérito y honor por la esperanza, gozo y paz que tú das a nuestra familia. Oramos por medio de Jesucristo, tu Hijo. ¡Amén!

## Estreno de una casa

Amado Dios, Señor de toda la creación, y Padre:

Te pedimos hoy una sagrada bendición sobre esta casa. Gracias por el refugio que es para esta familia. Que tú conviertas rápidamente esta casa en un hogar. Que sea un lugar de gozo y risas, que sea un lugar donde tú seas adorado y servido; que la familia aquí afirme siempre: *"pero yo y mi casa serviremos a Jehová"* (Josué 24:15). Esta es nuestra oración y nuestro deseo. Y con esa esperanza viene una petición para que solo luz y amor entren a esta morada, y que nunca se permita entrar aquí a ninguna oscuridad ni maldad. Protege esta entrada; permite que solamente lo bueno entre por sus puertas. Que se desarrollen relaciones felices y sanas dentro de sus paredes, particularmente en la relación de esta familia contigo, Señor. Que cada habitación sea un espacio significativo lleno de amor. Que cada persona que entre a este hogar se sienta bienvenida, sienta tu poder, y sienta que esta familia te adora a ti. Que este hogar sea un refugio de calma y tranquilidad para quienes necesitan reposo. Renueva cada cuerpo que viva en este hogar. Que la hospitalidad de estos santos se muestre en estas habitaciones. Que la compasión, el compañerismo y una calidez especial rodeen a cada miembro de este hogar, esta familia y sus vecinos. Que tu Espíritu Santo more dentro de estas paredes y en cada una de esas importantes almas, confirmado por tus abundantes bendiciones. Oramos y confiamos en el nombre de Jesús. ¡Amén!

## Nuevos abuelos

Poderoso Padre amoroso:

Te damos gracias hoy por darnos el regalo de la familia. Es una hermosa alegría cuando alguien es padre o madre por primera vez, y es una corona de gloria cuando alguien se convierte en abuelo o abuela. Te damos gracias por el apoyo de nuestros nuevos abuelos porque son para cada uno de nosotros regalos que atesoramos. Oramos que tu misericordia guarde y proteja a estas importantes almas. Reconocemos el poder de tu amor sobre ellos para guiarlos en el importante papel que ocupan en nuestras vidas. Afirmamos alegremente contigo una bendición especial sobre sus vidas, su trabajo, su salud y su futuro. Que su fuerza sea un ejemplo a seguir para sus nietos, guiándolos en paz, tradición y amor. Que los notables testigos de su fe sean columnas de esperanza en la familia ahora y para siempre. Que vivan vidas largas, sanas, felices y bendecidas, entendiendo la plena corona de gloria de este regalo de tener un nieto. Que el amor fluya abundante y verdadero, ¡en el poderoso nombre de Jesús buscamos y creemos! ¡Amén!

## Encontrar un nuevo empleo

Dios y Rey soberano, Padre amoroso y misericordioso:

Te buscamos ahora para que tu divino favor esté sobre nuestra familia y nuestra estabilidad financiera. Tú nos has amado con un amor poderoso y eterno, y ahora estamos en una fase crítica. Nos acercamos a ti buscando tu ayuda y rescate, Señor, para asegurar una gran provisión sobre nuestra familia. Estamos en la situación de buscar un nuevo empleo. Sabemos que tú nos llamas a sostener y cuidar a nuestras familias, y a otros que están bajo nuestro cuidado. No podemos hacerlo sin ti, Señor, y por eso te buscamos. Te pedimos tu sabiduría celestial para dirigirnos a tu abundante bendición de ingresos, para que coordines para nosotros el empleo perfecto en el mejor momento posible dentro de la empresa ideal, y para unir dones y talentos con una organización que los valore y respete por completo. Por favor, suple todos los beneficios, tiempo de vacaciones, jubilación, seguro y amenidades que hagan que ese empleo sea feliz. Te pedimos que el empleo sea fructífero, y se multiplique en proporción inmensa, seguros de poder diezmar más para el trabajo y los propósitos esenciales de tu reino. Nos comprometemos contigo y con el futuro empleador a trabajar fuerte, y con dedicación, confianza y lealtad. Nos esforzamos por trabajar como si te estuviéramos sirviendo a ti directamente, Señor Jesucristo. Que nuestro trabajo revele a otros nuestro gozo en ti. Por favor, Señor, que tú intervengas y nos des esta valiosa oportunidad: una puerta abierta, un puesto cubierto, una empresa complacida, con un empleado verdaderamente favorecido y recompensado. Que tu nombre sea sobre todo nombre. ¡Amén!

## Comenzar en un nuevo empleo

Señor, no hay nadie como tú. Nuestro Dios, nuestro Salvador, nuestro Rescatador, nuestro Rey poderoso, gracias por este nuevo empleo que es una verdadera bendición que tú has permitido. Te damos gracias por una puerta abierta que ningún hombre puede cerrar, por liberación en un momento de necesidad certera, por tu cuidado sobre nuestro hogar, familia, ingresos y futuro. Que te sigamos a ti y tus expectativas para nuestro servicio en este nuevo puesto. Reconocemos, Dios, que sea este el trabajo de nuestros sueños o no, tú sabías lo que necesitábamos precisamente en el momento correcto, asegurando la oportunidad precisa con un futuro brillante y significativo. Que sirvamos a nuestro jefe según tu leal medida. Que ofrezcamos nuestro trabajo mejor y más fiel en plena obediencia. Que tu favor sea conocido poderosamente mediante este empleo, y todo lo que conlleve en el futuro. Que podamos colaborar con nuestros compañeros de trabajo, y ofrecer lo mejor de Cristo en nosotros. Que se cumplan metas y sueños en ti y por medio de ti. Que podamos diezmar y bendecir tus planes para tu iglesia y ministerio. Que tu nombre, Jesús, sea glorificado ahora y hasta el fin, por este empleo. ¡Te alabamos, Jesucristo, por siempre! Amén.

## Una jubilación

Amado Dios Padre:

Nuestra esperanza de un periodo de descanso ha estado sobre tus hombros; gracias por guiarnos a nosotros/un miembro de nuestra familia a la jubilación. Gracias por el privilegio que es tener momentos para oler las rosas, que tú nos has dado en tus jardines de verdad y plenitud. Señor, estamos emocionados por la jubilación, y lo que traerá. Que cada minuto esté lleno de acciones y pensamientos que den esperanza a otros y gloria a ti. Que tu nombre, Jesucristo, sea exaltado en todas las tierras por toda la eternidad. Que te sirvamos y te adoremos de maneras más absorbentes e influyentes durante esta fase de la jubilación. Oramos y confiamos en el santo nombre de Jesús. ¡Amén!

## Un embarazo

Padre celestial y Creador:

Gracias por tu grandioso diseño de este nuevo bebé que crece dentro del vientre, lleno de vida, un alma amada que a nuestra familia le importa inmensamente. Que este bebé esté sano y seguro en el vientre. Guarda y protege esta nueva vida, y a la mamá que lleva a este bendito bebé. Que ella tenga buena salud y energía en todo este embarazo. Que el bebé nazca en su tiempo, sano en toda tu gracia, con un momento y júbilo ideales. Que este bebé entre en nuestras vidas como una parte de un ambiente estable, pacífico, amoroso y feliz. Señor, te pedimos concretamente que esta preciosa alma sea llena de tu gran amor, esperanza, destino y propósito, guiándolo en el camino en toda tu magnificencia, en tu Rey Jesús poderoso, dedicado, generoso y triunfante. ¡Gracias, Jesús! Amén.

# LO QUE DICE DIOS SOBRE LA ORACIÓN

La Biblia habla mucho sobre la oración! Es evidente por sí mismo que la oración ha de ser una parte importante, *y vital*, de la vida del creyente. Para iluminar la comprensión que tiene tu familia sobre la oración, he reunido a continuación algunos versículos de la Escritura, y los he dividido en cinco secciones, aunque desde luego se solapan mucho entre ellas: la razón para la oración, cómo orar, lo que deberíamos esperar de la oración, ejemplos de oraciones en la Biblia, y la oración por temas. Puedes utilizar estas referencias como un trampolín para tu propio estudio, especialmente con la ayuda de un comentario o guía de estudio de confianza.

## La razón para la oración

| | |
|---|---|
| Salmos 23:4 | Hechos 2:42 |
| Salmos 50:15 | Hechos 12:12 |
| Salmos 55:22 | Hechos 20:36 |
| Salmos 91:1–6, 14–16 | 1 Tesalonicenses 5:16–18 |
| Salmos 103:1–5 | 1 Timoteo 2:1 |
| Jeremías 29:11–14 | Santiago 1:5 |
| Mateo 26:36 | Santiago 5:16 |

## Cómo orar

| | |
|---|---|
| Génesis 18:27 | Filipenses 1:3–4 |
| 2 Crónicas 7:14 | Filipenses 4:1–5 |
| Salmos 141:2 | Colosenses 1:3 |
| Proverbios 28:9 | 1 Timoteo 2:5 |
| Mateo 6:7–13 | 1 Timoteo 2:8 |
| Mateo 7:1–5 | Hebreos 10:19–22 |
| Mateo 21:6 | Santiago 1:5–7 |
| Lucas 18:1–5 | Santiago 4:3 |
| Romanos 8:26 | Santiago 5:13–14 |
| 1 Corintios 1:4 | 1 Pedro 5:7 |
| Efesios 6:18 | |

## Lo que podemos esperar de la oración

| | |
|---|---|
| Daniel 6:18–22 | Hechos 12:5 |
| Isaías 41:10 | Hechos 16:25–26 |
| Isaías 65:24 | 2 Corintios 12:7–9 |
| Mateo 21:21–22 | 2 Tesalonicenses 1:11 |
| Lucas 11:9 | 1 Juan 1:9 |
| Juan 14:13–14 | 1 Juan 3:22 |
| Juan 16:26–27 | 1 Juan 5:14–15 |
| Hechos 10:9 | |

## Ejemplos de oraciones en la Biblia

| | |
|---|---|
| Amós 1:1–5 | Salmos 35:1–5 |
| Amós 3:5–9 | Salmos 41:1–4 |
| Salmos 27:1–5 | Salmos 51:1–6 |

Daniel 9:1–5 Hechos 4:23–27

Lucas 11:1–4

## Oración por temas

Esta sección contiene una lista de versículos de la Escritura que pueden utilizarse para orar por necesidades o temas específicos. Si tienes necesidad, busca uno de estos versículos para orar basándote en él. Cuando le decimos a Dios sus propias palabras, descubrimos que nuestra voluntad se sitúa en línea con su voluntad con respecto a ese asunto.

1. Por decisiones sobre el futuro, sobre el trabajo, negocios, educación de los hijos, matrimonio, universidad, escuela, carrera o salud; falta de sabiduría, incertidumbre, pérdida de dirección, clamor pidiendo ayuda:

*Clama a mí, y yo te responderé, y te enseñaré cosas grandes y ocultas que tú no conoces.* (Jeremías 33:3)

2. Por duda, preocupaciones, frustraciones, soledad, desaliento, finanzas, revelaciones, temor, tristeza, ira:

*Y antes que clamen, responderé yo; mientras aún hablan, yo habré oído.* (Isaías 65:24)

*Y de igual manera el Espíritu nos ayuda en nuestra debilidad; pues qué hemos de pedir como conviene, no lo sabemos, pero el Espíritu mismo intercede por nosotros con gemidos indecibles.* (Romanos 8:26)

3. Por nuestra nación, nuestro mundo, comunidad, paz, humildad, maldad, desastres naturales, tormentas, trabajo misionero:

*Si se humillare mi pueblo, sobre el cual mi nombre es invocado, y oraren, y buscaren mi rostro, y se convirtieren de sus malos caminos; entonces yo oiré desde los cielos, y perdonaré sus pecados, y sanaré su tierra.* (2 Crónicas 7:14)

4. Por las personas sin hogar, los necesitados, pobres, desvalidos, relaciones familiares y de amistad, matrimonio, educación de los hijos, perdón:

> *Respondiendo Jesús, les dijo: Tened fe en Dios. Porque de cierto os digo que cualquiera que dijere a este monte: Quítate y échate en el mar, y no dudare en su corazón, sino creyere que será hecho lo que dice, lo que diga le será hecho. Por tanto, os digo que todo lo que pidiereis orando, creed que lo recibiréis, y os vendrá. Y cuando estéis orando, perdonad, si tenéis algo contra alguno, para que también vuestro Padre que está en los cielos os perdone a vosotros vuestras ofensas. Porque si vosotros no perdonáis, tampoco vuestro Padre que está en los cielos os perdonará vuestras ofensas.*
>
> (Marcos 11:22-26)

5. Por espera, incertidumbre, los momentos intermedios en la vida, perseverancia, paciencia, persistencia, resolución, batallas continuas:

> *También les refirió Jesús una parábola sobre la necesidad de orar siempre, y no desmayar, diciendo: Había en una ciudad un juez, que ni temía a Dios, ni respetaba a hombre. Había también en aquella ciudad una viuda, la cual venía a él, diciendo: Hazme justicia de mi adversario. Y él no quiso por algún tiempo; pero después de esto dijo dentro de sí: Aunque ni temo a Dios, ni tengo respeto a hombre, sin embargo, porque esta viuda me es molesta, le haré justicia, no sea que viniendo de continuo, me agote la paciencia. Y dijo el Señor: Oíd lo que dijo el juez injusto. ¿Y acaso Dios no hará justicia a sus escogidos, que claman a él día y noche? ¿Se tardará en responderles? Os digo que pronto les hará justicia. Pero cuando venga el Hijo del Hombre, ¿hallará fe en la tierra?*
>
> (Lucas 18:1-8)

6. Por llamado, vocación, destino, propósito en la vida, significado de la vida, metas profesionales, crisis de la mediana edad, situaciones nuevas:

*No me elegisteis vosotros a mí, sino que yo os elegí a vosotros, y os he puesto para que vayáis y llevéis fruto, y vuestro fruto permanezca; para que todo lo que pidiereis al Padre en mi nombre, él os lo dé.*

(Juan 15:16)

7. Por temor, duda, incredulidad, incertidumbre, preguntas, temor, tentaciones:

*Y yo os digo: Pedid, y se os dará; buscad, y hallaréis; llamad, y se os abrirá. Porque todo aquel que pide, recibe; y el que busca, halla; y al que llama, se le abrirá.* (Lucas 11:9-10)

8. Por sueños, metas, esperanzas, planes, emoción, inspiración, mirada al futuro, anticipación, celebración:

*Si permanecéis en mí, y mis palabras permanecen en vosotros, pedid todo lo que queréis, y os será hecho.* (Juan 15:7)

## Tan solo recuerda...

Cuando tú oras, Dios se mueve.

Puede tomar tiempo. ¡El tiempo de Dios! Sin embargo, cuando Dios obra, suceden grandes cosas.

Él es un Dios increíble y amoroso.

Él merece nuestra alabanza, honor y gloria declarada.

El Señor aprecia nuestro enfoque en la oración, especialmente cuando lo hacemos como familia. Es nuestra manera de comunicarnos con un Padre poderoso y fiel. Por lo tanto, ¿qué te parece? ¡Ora en este momento! Busca a Dios con todos los corazones de tu familia combinados. Haz que la vida de oración de tu familia cobre vida.

# ORACIONES INFANTILES CLÁSICAS

*C*omo padres, ¿recuerdan las viejas oraciones clásicas que les enseñaron de niños? Yo aún puedo recordar nuestra oración familiar que hacíamos diariamente: "Dios es bueno, Dios es grande; démosle gracias a Él por nuestros alimentos".

A continuación tenemos algunas oraciones que podrían traerte recuerdos a la memoria. Son un recurso para utilizarlo con tus hijos, cuando surja la necesidad. Tienen la etiqueta que dice: "Usar con cautela", porque los niños deben recordar siempre que pueden usar sus propias palabras para hablar con Dios cuando quieran. Sin embargo, a veces una oración memorizada para recitarla en la noche o antes de comer es muy útil para los niños. También intercalé algunas oraciones nuevas para recordarte y alentarte a saber que Dios siempre está creando cosas nuevas en nuestras familias.

*Ven, Señor Jesús*

Ven, Señor Jesús, sé nuestro invitado,
Sean benditos estos alimentos que tomamos, amén.
—*Tradicional*

*Ahora que me voy a dormir*

Ahora que me voy a dormir,
Oro para que el Señor guarde mi alma;

Si muero antes de despertar,
Oro para que el Señor tome mi alma. Amén.[7]


*Gracias, Dios, por todo*

Gracias por el mundo entero,
Gracias por la comida que comemos.
Gracias por las aves que cantan,
Gracias, Dios, por todo.
—*Anónimo*


*Dios es grande*

¡Dios es grande!
¡Dios es bueno!
Démosle gracias a Él
Por nuestros alimentos.
Amén.
—*Tradicional*


*El Padre Nuestro*

*Padre nuestro que estás en los cielos, santificado sea tu nombre.*
*Venga tu reino. Hágase tu voluntad, como en el cielo, así también en*
*la tierra.*
*El pan nuestro de cada día, dánoslo hoy.*
*Y perdónanos nuestras deudas, como también nosotros perdonamos a*
*nuestros deudores.*
*Y no nos metas en tentación, mas líbranos del mal; porque tuyo es*
*el reino, y el poder, y la gloria, por todos los siglos. Amén*
(Mateo 6:9-13).

---

7. *New-England Primer*, publicado originalmente en 1690 por Boston: Benjamin
Harris, Boston; esta versión es de una edición de 1777 publicada por Massachusetts
Sabbath School Society en 1843, y disponible ahora en www.sacred-texts.com/ chr/
nep/ (consultado en línea el 7 de abril de 2016).

## Oración de la Serenidad

Dios, dame la serenidad
Para aceptar las cosas que no puedo cambiar;
La valentía para cambiar las cosas que sí puedo;
Y sabiduría para conocer la diferencia.
—*Reinhold Niebuhr*

## La bendición irlandesa

Que el camino se eleve para encontrarte,
Que el viento sople siempre a tus espaldas,
Que el sol dé calor a tu rostro,
Las lluvias caigan suaves sobre tus campos, y hasta que volvamos a vernos,
Que Dios te guarde en la palma de su mano.
—*Anónimo*

## Oración del creyente

Señor, creo que tú eres el Creador del universo,
El Ayudador del pobre, el Moldeador del débil.
El Propósito de nuestra existencia, el Futuro de nuestras vidas.
Moldéanos para que seamos tus seguidores fieles,
Ayúdanos a ser más semejantes a ti:
Amorosos, amables, perdonadores, esperanzados y veraces.
Obra mediante nuestras vidas para producir tu mayor gloria mediante
Nuestra familia y nuestra existencia.
¡Gracias, Jesús!
Amén.
—*Teresa J. Herbic*

## Salmo 23

*Jehová es mi pastor; nada me faltará.*
*En lugares de delicados pastos me hará descansar;*

*Junto a aguas de reposo me pastoreará.*
*Confortará mi alma;*
*Me guiará por sendas de justicia por amor de su nombre.*
*Aunque ande en valle de sombra de muerte,*
*No temeré mal alguno, porque tú estarás conmigo;*
*Tu vara y tu cayado me infundirán aliento.*
*Aderezas mesa delante de mí en presencia de mis angustiadores;*
*Unges mi cabeza con aceite; mi copa está rebosando.*
*Ciertamente el bien y la misericordia me seguirán todos los días de mi vida,*
*Y en la casa de Jehová moraré por largos días.*

## Dios está cerca

Dios está cerca, Dios está aquí,
Dios es bueno, así que nunca temas.
Dios está obrando, Dios es veraz,
Dios es esperanza, ¡Dios es quien nos une!
—Teresa J. Herbic

## Oración de adoración común

Dios misericordioso, nuestros pecados son demasiado pesados para llevarlos, demasiado reales para ocultarlos, y demasiado profundos para deshacerlos. Perdona lo que nuestros labios tiemblan al nombrar, lo que nuestros corazones ya no pueden soportar, y lo que se ha convertido para nosotros en un fuego consumidor de juicio. Haznos libres de un pasado que no podemos cambiar; abre para nosotros un futuro en el cual podamos ser cambiados; y danos gracia para ser cambiados cada vez más a tu imagen y semejanza, por medio de Jesucristo, la luz del mundo. Amén.[8]

---

8. *PCUSA Book of Common Worship* (Louisville, KY: Westminster John Knox, 1993), p. 88.

*La oración de fe*

Dios es mi ayuda en toda necesidad;
Dios sacia toda mi hambre;
Dios camina a mi lado, guía mi sendero
En cada momento de este día entero.

Ahora soy sabia, ahora soy leal,
Paciente y amable, y también amorosa;
Todo lo soy, puedo hacer y puedo ser,
Mediante Cristo la Verdad, que vive en mi ser.

Dios es mi salud, no puedo enfermar;
Dios es mi fuerza, no puede fallar;
Dios es mi todo, no conozco temor.
Pues Dios, y el Amor y la Verdad aquí están.
—*Hannah More Kohaus*


*Contemplo al Cristo en ti*

Contemplo al Cristo en ti,
Aquí está la vida de Dios que veo;
Puedo ver una gran paz también,
Puedo verte sano y libre.

Contemplo al Cristo en ti.
Puedo verlo cuando caminas;
Puedo verlo en todo lo que haces,
Puedo verlo cuando hablas.

Contemplo el amor de Dios expresado,
Puedo verte lleno de poder;
Puedo verte siempre bendecido,
Ver a Cristo en ti cada momento.

Contemplo al Cristo en ti,
Puedo ver a ese perfecto;
Guiado por Dios en todo lo que haces,
Puedo ver hecha la obra de Dios.
—*Frank B. Whitney*

*Oración de Martin Luther King*

Nuestro Dios eterno, por cuyo poder absoluto e inteligencia infinita ha llegado a ser todo el universo, confesamos humildemente que no te hemos amado con todo nuestro corazón, nuestra alma y nuestra mente, y que no hemos amado a nuestro prójimo como Cristo nos amó. Muchas veces hemos vivido por nuestros propios impulsos egoístas, en lugar de hacerlo por la vida de amor sacrificial revelada por Cristo. Muchas veces damos para recibir. Amamos a nuestros amigos y aborrecemos a nuestros enemigos. Vamos la primera milla, pero no nos atrevemos a recorrer la segunda. Perdonamos, pero no nos atrevemos a olvidar. Y por eso al mirarnos a nosotros mismos, somos confrontados con el terrible hecho de que la historia de nuestras vidas es la historia de una revuelta eterna contra ti.

Pero tú, oh Dios, ten misericordia de nosotros. Perdónanos por lo que podríamos haber sido, pero no hemos sido. Danos la inteligencia para conocer tu voluntad. Danos la valentía para hacer tu voluntad. Danos la devoción para amar tu voluntad. En el nombre y el Espíritu de Jesús, oramos. Amén.

—*Dr. Martin Luther King*[9]


*Hazme un instrumento de tu paz*

Señor, hazme un instrumento de tu paz.
Que donde haya odio, siembre yo amor,
Donde haya herida, siembre yo perdón.
Donde haya duda, fe.
Donde haya desesperación, siembre yo esperanza.
Donde haya oscuridad, luz.
Donde haya tristeza, alegría.
Divino Maestro, concédeme que no busque yo
Ser consolado, sino consolar,
No busque ser entendido, sino entender,
No busque ser amado, sino amar;

9. Dr. Martin Luther King, Jr., *Thou, Dear God* (Boston: Beacon Press, 2011), ebook.

Porque en el dar es donde recibimos,
En el perdonar somos perdonados,
En el morir despertamos a la vida eterna.
—*San Francisco de Asís*

### Oración sencilla

Dios del cielo, oye mi oración,
Guárdame en tu amoroso cuidado.
Sé mi guía en todo lo que hago,
Bendice a todos aquellos que me aman.
Amén.
—*Tradicional*

### Bendice tu abundancia

Bendícenos, oh Señor, y estos regalos tuyos que estamos a punto de recibir de tu mano de abundancia, mediante Cristo nuestro Señor, amén.
—*Tradicional*

### Credo de los Apóstoles

Creo en Dios, Padre Todopoderoso, Creador del cielo y la tierra; y en Jesucristo, su único Hijo, nuestro Señor, que fue concebido por el Espíritu Santo, nació de la virgen María, sufrió bajo Poncio Pilato, fue crucificado, muerto y sepultado. Descendió al infierno; al tercer día resucitó de entre los muertos. Ascendió al cielo, y está sentado a la diestra de Dios, Padre Todopoderoso; desde allí vendrá a juzgar a los vivos y a los muertos. Creo en el Espíritu Santo, la santa iglesia, la comunión de los santos, el perdón de los pecados, la resurrección del cuerpo y la vida eterna. Amén.

*Una Tonta Oración*

Rataplán, pam, pam
Gracias por el pan.
¡Sí, Dios!
—Anónimo

*Salmo 121*

*Alzaré mis ojos a los montes;*
*¿De dónde vendrá mi socorro?*
*Mi socorro viene de Jehová,*
*Que hizo los cielos y la tierra.*
*No dará tu pie al resbaladero,*
*Ni se dormirá el que te guarda.*
*He aquí, no se adormecerá ni dormirá*
*El que guarda a Israel.*
*Jehová es tu guardador;*
*Jehová es tu sombra a tu mano derecha.*
*El sol no te fatigará de día,*
*Ni la luna de noche.*
*Jehová te guardará de todo mal;*
*El guardará tu alma.*
*Jehová guardará tu salida y tu entrada*
*Desde ahora y para siempre.*

*Padre, te damos gracias*

Padre, te damos gracias por la noche,
Y por la agradable luz de la mañana;
Por el descanso, la comida y tu cuidado,
Y todo lo que hace tan bueno el día.
Ayúdanos a hacer las cosas que debemos,
A ser buenos y amables con los demás;

En todo lo que hagamos, sea trabajo o juego,
Que seamos más amorosos cada día.
—*Rebecca Weston, 1890*


## Clamor de una madre

Amado Dios,
Gracias por el gozo de ser mamá,
Presento a mis hijos a ti todo el día.
Ayúdalos a ser amorosos, positivos y amables,
Ayúdalos a ser gozosos y sensatos.
Mantenlos lejos de planes malvados.
Ayúdalos a tener éxito y cumplir sus sueños.
¡Gracias, Jesús!
Amén.
—*Teresa J. Herbic*


## Ruego de un padre

Padre celestial todopoderoso,
Gracias por mi familia.
Te alabo porque los has hecho tan dulces y divertidos.
Ayúdalos a brillar como el sol de mediodía.
Regálales tus tesoros especiales de vida,
Recuérdales que no se trata de dinero, preocupación o luchas.
Guíalos a ser más como tú,
Asegúrales todo lo que es verdadero.
Amén.
—*Galen D. Herbic*


## Tarea de un hijo

Estoy en una misión para ti, Dios.
Ser un gran líder por tu causa,
Saber que tú eres Dios y estar quieto,

Todo por tus razones y buena voluntad.
Entender cuándo esperar y cuándo actuar,
Comprender que tú siempre me guardas las espaldas.
Aprender todo lo que necesito saber
Compartir mi testimonio con un resplandor real.
Mirar al futuro mediante tus ojos,
Mantenerme alejado del diablo y sus mentiras.
Para ser hijo obediente, entrego mi camino
Incluso cuando no lo sé todo.
¡Gracias, Dios! Oro en el santo nombre de Jesús.
Amén.
—*Teresa J. Herbic*

*Bendición infantil de la comida*

Gracias por el mundo entero,
Gracias por la comida que comemos.
Gracias por las aves que cantan,
Gracias, Dios, por todo.
—*Anónimo*

*Oración infantil en la noche*

No oigo ninguna voz, ni siento ningún toque,
No veo ninguna luz gloriosa;
Pero aun así sé que Dios está cerca,
En la oscuridad como en la luz.
Él vigila siempre a mi lado,
Y escucha mi oración susurrada:
El Padre a su niño pequeño
Cuida tanto de noche como de día.
—*Anónimo*

### Oración matutina

Te doy gracias a ti, Padre celestial, por medio de Jesucristo tu amado Hijo, porque me has protegido durante la noche de todo peligro y daño. Te pido que me guardes, también este día, de todo pecado y maldad; que en todos mis pensamientos, palabras y obras pueda servirte y agradarte. En tus manos encomiendo mi cuerpo y mi alma, y todo lo que es mío. Que tus santos ángeles me vigilen, que el malvado no tenga poder sobre mí.
Amén.
—*Martín Lutero*

### Oración vespertina

Te doy gracias a ti, Padre celestial, por medio de Jesucristo tu amado Hijo, porque en este día me has protegido con tu misericordia. Te ruego que perdones todos mis pecados y los males que haya hecho. Por tu gran misericordia defiéndeme de todos los peligros de esta noche. En tus manos encomiendo mi cuerpo y mi alma, y todo lo que es mío. Que tus santos ángeles me vigilen, que el malvado no tenga poder sobre mí.
—*Martín Lutero*

### Padre, te honramos

Amado Dios Padre,
Te honramos en todo lo que hacemos, en ti confiamos en todas las cosas.
Esperamos en ti en nuestras idas y venidas, te adoramos en todo.
Sin ti, no somos nada. Contigo, lo tenemos todo.
¡Gracias, Jesús! Amén.
—*Teresa J. Herbic*

*La oración "Gloria sea" (Gloria Patri)*

Gloria sea al Padre, y al Hijo, y al Espíritu Santo, como era en un principio, ahora y siempre, por los siglos de los siglos, amén.

*Alaba a Dios, de quien fluye toda bendición*

Alaba a Dios, de quien fluye toda bendición;
Alábenlo, todas sus criaturas en la tierra:
Alábenlo arriba, su hueste celestial;
¡Alabado el Padre, el Hijo y el Espíritu Santo!
Alaba a Dios Padre, que es la fuente;
Alaba a Dios Hijo, que es el camino;
Alaba a Dios Espíritu, que es el fluir;
¡Alaba a Dios, nuestra porción aquí!
—*Thomas Ken*

# CONCLUSIÓN: CARTA DE AMOR DEL PADRE

Lee la siguiente "Carta de amor del Padre" proporcionada por nuestros fieles colaboradores en Father Heart Communications. A medida que lees y absorbes los versículos, piensa en lo mucho que Dios te tenía en mente cuando creó el mundo. Él hizo todo por su gran amor por ti, su hijo. Espero que tu familia y tú lean esta carta una y otra vez, e incluso consideren crear su propia "Carta de amor a Dios" individual o familiar, desde sus corazones a Él, como se menciona en el Devocional 1. ¡Seguro que será una experiencia significativa y duradera!

**Carta de amor del Padre – Un mensaje íntimo de Dios para ti**

Hijo mío:

Puede que no me conozcas, pero yo lo sé todo sobre ti. (Véase Salmos 139:1.)

Sé cuándo te sientas y cuándo te levantas. (Véase Salmos 139:2.)

Todos tus caminos me son familiares. (Véase Salmos 139:3.)

Incluso los cabellos de tu cabeza están contados. (Véase Mateo 10:29-31.)

Pues fuiste creado a mi imagen. (Véase Génesis 1:27.)

En mí vives, te mueves y eres, pues eres mi descendencia. (Véase Hechos 17:28.)

Te conocía incluso antes de que fueras concebido. (Véase Jeremías 1:4-5.)

Te escogí cuando planeé la creación. (Véase Efesios 1:11-12.)

No fuiste un error, porque todos tus días están escritos en mi libro. (Véase Salmos 139:15-16.)

Yo determiné el momento exacto de tu nacimiento, y dónde vivirías. (Véase Hechos 17:26.)

Eres una creación maravillosa. (Véase Salmos 139:14.)

Yo te entretejí en el vientre de tu madre. (Véase Salmos 139:13.)

Y te traje a la luz el día en que naciste. (Véase Salmos 71:6.)

He sido representado mal por quienes no me conocen. (Véase Juan 8:41-44.)

No soy distante y enojado, sino que soy la expresión completa del amor. (Véase 1 Juan 4:16.)

Y es mi deseo derramar mi amor sobre ti. (Véase 1 Juan 3:1.)

Simplemente porque tú eres mi hijo, y yo soy tu Padre. (Véase 1 Juan 3:1.)

Te ofrezco más de lo que podría ofrecerte tu padre terrenal. (Véase Mateo 7:11.)

Porque yo soy el padre perfecto. (Véase Mateo 5:48.)

Todo don perfecto que recibes viene de mi mano. (Véase Santiago 1:17.)

Porque yo soy tu proveedor y suplo todas tus necesidades. (Véase Mateo 6:31-33.)

Mi plan para tu futuro siempre ha estado lleno de esperanza. (Véase Jeremías 29:11.)

Porque te amo con un amor eterno. (Véase Jeremías 31:3.)

Mis pensamientos hacia ti son incontables como la arena de la playa. (Véase Salmos 139:17-18.)

Y me regocijo en ti con cánticos. (Véase Sofonías 3:17.)

Nunca dejaré de hacerte bien. (Véase Jeremías 32:40.)

Porque eres mi especial tesoro. (Véase Éxodo 19:5.)

Deseo establecerte con todo mi corazón y toda mi alma. (Véase Jeremías 32:41.)

Y quiero mostrarte cosas grandes y maravillosas. (Véase Jeremías 33:3.)

Si me buscas con todo tu corazón, me encontrarás. (Véase Deuteronomio 4:29.)

Deléitate en mí, y yo te daré los deseos de tu corazón. (Véase Salmos 37:4.)

Pues soy yo quien te dio esos deseos. (Véase Filipenses 2:13.)

Yo puedo hacer por ti más de lo que podrías imaginar. (Véase Efesios 3:20.)

Porque yo soy tu mayor alentador. (Véase 2 Tesalonicenses 2:16-17.)

Yo soy también el Padre que te consuelo en todos tus problemas. (Véase 2 Corintios 1:3-4.)

Cuando estás quebrantado, yo estoy cerca de ti. (Véase Salmos 34:18.)

Como el pastor lleva en brazos una oveja, yo te he llevado cerca de mi corazón. (Véase Isaías 40:11.)

Un día enjugaré toda lágrima de tus ojos. (Véase Apocalipsis 21:3-4.)

Y quitaré todo el dolor que has sufrido en esta tierra. (Véase Apocalipsis 21:3-4.)

Yo soy tu Padre, y te amo como amé a mi Hijo Jesús. (Véase Juan 17:23.)

Porque en Jesús, mi amor por ti es revelado. (Véase Juan 17:26.)

Él es la representación exacta de mi ser. (Véase Hebreos 1:3.)

Él vino a demostrar que yo estoy por ti y no contra ti. (Véase Romanos 8:31.)

Y a decirte que no estoy contando tus pecados. (Véase 2 Corintios 5:18-19.)

Jesús murió para que tú y yo pudiéramos ser reconciliados. (Véase 2 Corintios 5:18-19.)

Su muerte fue la expresión suprema de mi amor por ti. (Véase 1 Juan 4:10.)

Yo entregué todo lo que amaba para poder obtener tu amor. (Véase Romanos 8:31-32.)

Si recibes el don de mi Hijo Jesús, me recibes a mí. (Véase 1 Juan 2:23.)

Y nada volverá a separarte nunca de mi amor. (Véase Romanos 8:38-39.)

Regresa a casa, y yo haré la mayor fiesta que el cielo haya visto jamás. (Véase Lucas 15:7.)

Yo siempre he sido Padre, y siempre seré Padre. (Véase Efesios 3:14-15.)

Mi pregunta es: ¿Quieres ser mi hijo? (Véase Juan 1:12-13.)

Te estoy esperando. (Véase Lucas 15:11-32.)

Con amor,
Tu Papá,
Dios Todopoderoso[10]

Te aliento ahora a que recuerdes este amor *ágape*, puro y sincero, que fluye por las Escrituras de Dios, y esta carta escrita a ti y para ti como hijo de Dios. Sigue adelante en oración regular con tu familia, tu círculo íntimo, y recurre a las diversas actividades de oración en este libro siempre que necesites renovación. Que Dios te bendiga verdaderamente con

---

10. "Carta de amor del Padre", usada con permiso de Father Heart Communications ©1999, FathersLoveLetter.com

su deleite, inspirándote a medida que trabajas con Él para salvaguardar y declarar el éxito de la vida de oración de tu familia por Jesucristo.

# APÉNDICE:
# RECURSOS PARA LA
# ORACIÓN (EN INGLÉS)

**Canal web About.com Christianity**

Este sitio informativo incluye oraciones cristianas y versículos de la Biblia para áreas específicas de la vida, para ayudarte a ser más eficaz en tu vida de oración. También proporciona una fuente para cadenas y redes de oración en línea donde puedes enviar en línea peticiones de oración.

 christianity.about.com/od/prayersverses/

**All About GOD Ministries, Inc.**

Esta organización sin fines de lucro, con base en Colorado Springs, Colorado, crea sitios web que alcanzan a escépticos, buscadores, creyentes y a un mundo que sufre, con evidencia poderosa de Dios y de las buenas nuevas de Jesús.

 allaboutgod.com/christian-prayer.htm

**Back to the Bible**

Un ministerio cristiano mundial dedicado a guiar a personas a una relación dinámica con Jesucristo mediante recursos y enseñanzas basados en la Biblia.

 backtothebible.org

**BeliefNet**

Oraciones cristianas inspiradoras en línea para mantenerte fuerte en tu fe y tus creencias.

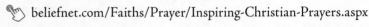 beliefnet.com/Faiths/Prayer/Inspiring-Christian-Prayers.aspx

**Asociación Evangelística Billy Graham (y *Samaritan's Purse*)**

BGEA (por sus siglas en inglés) realiza cruzadas regularmente y convocatorias de oración para Cristo por todos los Estados Unidos y el mundo, en las cuales los asistentes pueden adorar y orar con compañeros de oración. *Samaritan's Purse* colabora con BGEA en eventos. También realizan notables programas para niños necesitados, como *Operation Christmas Child* (Operación Niño de la Navidad) y *Children's Heart Project*.

 billygraham.org y samaritanpurse.org

**Christian Broadcasting Network**

CBN es un ministerio global dedicado a preparar a las naciones del mundo para la venida de Jesucristo, por medio de los medios de comunicación de masas. Selecciona en línea la pestaña de oración del ministerio para encontrar un material de referencia estupendo, guías y devocionales. También puedes enviar oraciones referentes a temas específicos que tengas en tu corazón.

 www1.cbn.com/prayer

**ChristianAnswers.net**

Consejos prácticos sobre la oración con poder, al igual que importantes principios de oración y respuestas al porqué todos deberíamos buscar a Dios en oración.

 christiananswers.net/q-comfort/growing-prayer.html

**Christianity.com**

Abundancia de recursos informativos, que incluyen consejos para una vida de oración significativa, audio, texto, video y oración para inspirarte y alentarte.

 christianity.com/christian-life/prayer/

**Línea de oración de *Crossroads***

Con base en Canadá, a esta organización le encanta orar con personas que llaman y que conectan con el sitio desde todo el mundo. Proporcionan una línea de oración las veinticuatro horas llena de amor, compasión, consuelo y apoyo para cualquier necesidad de oración.

 crossroads.ca/247prayer o llama al 866.273.4444

**Daystar**

Red de televisión y retransmisión cristiana enfocada en difundir el evangelio siete días por semana, veinticuatro horas al día, en todo el mundo. Ofrece apoyo en oración.

 daystar.com o llama al 800.329.0029

**Dr. Tony Evans y *Urban Alternative***

Sitio estupendo donde puedes suscribirte para recibir gratuitamente libros electrónicos inspiracionales, devocionales, materiales para la oración, y otras cosas.

 tonyevans.org

**God's Own**

Gos's Own está diseñado como un viaje de descubrimiento personal mediante la oración, la adoración, el estudio de la Biblia e importante actividad de búsqueda. El curso te ayuda a verte a ti mismo mediante los ojos de Dios. *The Addict Whisperer* es también parte de *God's Own*, diseñado para quienes luchan contra la adicción, y para quienes tienen seres queridos que sufren.

 iamgodsown.com

**Guideposts**

Proporciona un ministerio de oración donde puedes orar por otros o enviar tus propias peticiones de oración. *Guideposts* también produce regularmente devocionales diarios y publicaciones inspiracionales en línea y en papel.

 guideposts.org/faith-in-daily-life/ourprayer-ministry

### Harvest Prayer Ministries

Toda una variedad de recursos de oración para familias, que incluye oración por nuestro país, versículos sobre la oración, manuales de enseñanza, descargas gratuitas, y mucho más. También alberga un centro de retiros de oración para quienes planean una escapada centrada en Dios.

 harvestprayer.com

### Hope for the Heart

Esta organización se especializa en cuidado del corazón para quienes tienen una profunda necesidad de sanidad de heridas, complejos, y pruebas difíciles de la vida. Puedes visitar en línea hopefortheheart.org para encontrar poderosa ayuda y recursos, o llamar al 800.488.HOPE para recibir oración y apoyo espiritual.

 hopefortheheart.org

### Joan Hunter Ministries

Guerreros de oración que orarán contigo por las necesidades de tu corazón. También encontrarás versículos sobre sanidad, prosperidad, gozo y amor, para añadirlos a tu viaje personal de oración.

 joanhunter.org/need_prayer

### John Hagee Ministries

John Hagee Ministries ofrece un asombroso aliento para la adoración, la oración intercesora, y dirección en la vida. Toda la familia Hagee es parte de los esfuerzos de la iglesia. Su ministerio de oración proporciona un increíble apoyo en oración en línea y por teléfono para quienes tienen necesidad.

 jhm.org/prayer-requests

### Kenneth Copeland Ministries

Un ministerio que trabaja duro para edificar a los creyentes mediante fe, oración, y oportunidades de crecimiento espiritual.

 kdm.org

**Kerry Shook Ministries**

Ofrece apoyo en oración sólido y regular a sus amigos, a quienes llaman, y a sus colaboradores. Tan solo entra en línea para enviar una petición en kerryshook.org/prayer-request, o contacta con su línea de oración llamando al 866.226.9866.

 kerryshook.org/prayer-request

**KLove**

Estación de radio cristiana con un estupendo equipo de oración para orar por tus peticiones de oración enviadas en línea. También puedes contactar con su equipo de ayuda por teléfono en el 800.525.5683.

 klove.com/ministry/prayer

**Línea de oración *LeSea***

Poderoso grupo de guerreros de oración que orarán por el clamor de tu corazón día y noche. El sitio web ofrece envío de peticiones de oración, un muro de oración, y pensamientos alentadores.

 lesea.com/prayerline o llama al 800.365.3732.

**Radio Moody**

Radio Moody ofrece programas llenos de perspectiva bíblica sensata, comunicando el mensaje de Dios a los oyentes.

 moodyradio.org

**Día Nacional de Oración (primer jueves de mayo)**

La misión del Comando del Día Nacional de Oración es movilizar la oración en los Estados Unidos y alentar el arrepentimiento personal y la justicia en la cultura. Su sitio web proporciona información sobre actividades de oración en tu zona.

 nationaldayofprayer.org

### Red de Oración Nacional de Pastores

No solo para pastores, este sitio conecta a personas con Dios mediante oración colectiva, y ofrece muchas oportunidades de aprendizaje como artículos en línea, blogs, y una lista de grupos de oración de pastores en todo el país.

 nppn.org

### Praise FM

Estación de radio cristiana con un muro especial de oración en su sitio web para que cualquiera pida o aporte oraciones de apoyo a otros.

 praisefm.org/prayer/

### Prayer Resources, Inc.

Ministerio cristiano de oración que ofrece cercanas historias personales y testimonios sobre la oración.

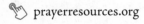 prayerresources.org

### Prayer Stream, Christian Care Ministry

Christian Care Ministry utiliza las redes sociales para conectar a creyentes los unos con los otros, para que así puedan alentarse unos a otros y unirse para alabar a Dios y orar a Él.

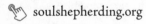 mychristiancare.org/prayerstream/prayerstream_landing_page.aspx

### Soul Shepherding

Asombrosos recursos de oración y estudio bíblico para familias, grupos comunitarios y grupos pequeños.

 soulshepherding.org

### T. D. Jakes Ministries

Ofrece conferencias de adoración, alabanza y oración, y también una hoja de solicitud de oración en línea para enviar peticiones de oración personales.

tdjakes.org

### The Upper Room Living Prayer Center

Abierto siete días por semana, el centro intercede regularmente en oración enfocada por quienes llaman, y los visitantes en línea. El sitio web de *The Upper Room* ofrece recursos para grupos pequeños, espiritualidad, y oportunidades especiales de aprendizaje en línea sobre Dios y la oración.

 prayer-center.upperroom.org/ o llama al 800.251.2468.

### Train and Grow

Hogar digital de todos los recursos ministeriales de Cru's US Campus Ministry (USCM); sitio web bien organizado con materiales de lectura gratuitos, y videos gratuitos para ver, escuchar, bajarse o compartir.

 cru.org/train-and-grow.html

### Trinity Broadcasting Network (TBN)

Una línea de alabanza y oración para personas que necesitan encontrar a Jesús. Puedes visitar en línea www.tbn.org o enviar una petición, o ver estupendos testimonios y mensajes sobre el Señor Jesucristo.

 www.tbn.org

### Woodrow Kroll Ministries

Ofrece recursos de aprendizaje de la Biblia, y también material estupendo sobre las oraciones de los Salmos: alabanza y acción de gracias del libro de Salmos. Woodrow Kroll es uno de los grandes maestros de todos los tiempos de *Back to the Bible* que ha comunicado la importancia de la Biblia, y ha dirigido internacionalmente mensajes cristianos de la Palabra de Dios y la oración.

 wkministries.com

### World Day of Prayer (Día Nacional de la Oración)

Realizado el primer viernes de marzo, el Día Nacional de la Oración es un movimiento mundial de mujeres cristianas de muchas tradiciones que se unen para observar un día común de oración cada año. Es un movimiento que une a mujeres de varias razas, culturas y tradiciones en cercano compañerismo, comprensión y acción durante el año.

 worlddayofprayer.net

# RECONOCIMIENTOS

*A* Galen, Meyana, Braxten y Lolli, quienes comparten mi pasión por la oración y por el Señor. A toda mi familia y mi congregación en la iglesia, quienes oraron con nosotros incesantemente por milagros para mi hijo y para mi hija. A mi familia de amigos de oración que está a nuestro lado en todos los viajes de la vida. Y como siempre, mi corazón está con los huérfanos de este mundo que necesitan un hogar. Que Dios te bendiga verdaderamente. y te lleve a su presencia santa del círculo íntimo: la familia.

—*Teresa J. Herbic*

# ACERCA DE LA AUTORA

Teresa Herbic es consejera y cofundadora de *Families for Adoption* (Familias para Adopción), una red internacional y nacional de adopción, crianza temporal y cuidado de huérfanos con base en la iglesia Pleasant Valley Baptist, Liberty, Missouri. Teresa ha publicado artículos en periódicos, dos libros infantiles sobre adopción, *Cat Tales* y *Dog Tales*, artículos mensuales para la revista *Refocused*, y escritos devocionales para *The Quiet Hour*, de David C. Cook. Trabajó como directora creativa de una agencia de publicidad y como analista de mercado global/gerente de mercadeo para una importante empresa de telecomunicaciones. Allí llegó a ser escritora y editora del boletín semanal, ydel manual de operaciones de la empresa. Más adelante fue cofundadora de la empresa *CAMP Relationships, LLC*, realizando seminarios educativos y programas para el desarrollo de la familia y el matrimonio. Escribe de modo voluntario para *Humane Society of the United States*, y es oradora para el festival Park University River Read. Recibió un premio Menn Thorpe como nominada a la Excelencia Literaria en 2014 y 2015. Dios les ha bendecido a ella y su esposo con dos hijos adoptados: Meyana y Braxten. Actualmente viven en San Antonio, Texas.